Dinner Party

MEIN
WUNDERBARER
Kochsalon
VON MARTINA HOHENLOHE

Meine persönlichen Erfolgsrezepte für Gäste –
wenig Aufwand in der Küche, viel Zeit am Tisch.

www.martinahohenlohe.com

Vorwort

Er: „Was kochst du morgen eigentlich?"

Ich: „Als Fingerfood gibt es Tigergarnelen-Ceviche im Salatherz, kleine Brandteigkrapfen mit Geflügelleber-Paté und Ribiseln und knusprig geröstete Honig-Pecans, als Vorspeise gegrillte Wassermelone mit ausgelösten Flusskrebsen, danach ein zartrosa Filet Mignon mit Sauce béarnaise und..."

Er: „Halt! Stopp! Ich halte das nicht mehr aus!"

Ich, leicht verunsichert, worin das Reizwort bestand: „Wie bitte?"

Er: „Wie oft haben wir schon darüber diskutiert, dass du weniger Zeit in der Küche und mehr Zeit mit den Gästen verbringen sollst? Unsere Freunde kommen, um uns zu sehen und nicht, um ein haubenverdächtiges Menü vorgesetzt zu bekommen."

Ich, seinen Ärger wissend ignorierend: „Danke für das haubenverdächtig."

Er: „Das ist doch nicht der Punkt. Du weißt genau, was ich meine."

Ich: „Na gut, dann lasse ich halt einen Gang weg und von mir aus auch die gerösteten Honig-Pecans."

Er: „Und wer grillt die Wassermelone, löst die Flusskrebse aus und tüncht das Filet Mignon zartrosa? Wer?"

Ich: „Ach was, das schaffe ich mit links."

Er: „So, du bist deiner Kochaufgabe entbunden, ich bestelle im Wirtshaus ein Gulasch."

Ich: „Du wagst es nicht!"

Er: „Und wie, schau, ich wähle schon..."

Ich, ihm das Telefon aus der Hand reißend: „Na gut, du hast gewonnen. Ich ändere das Menü auf dein Niveau *(das konnte ich mir nicht verkneifen, Anm.)* und du besorgst dafür Weine, die über Heurigenstil liegen. Okay?"

Er: „Abgemacht."

Ich gebe es ungern zu, aber mein Mann hatte Recht. Der Abend ging als einer der erfolgreichsten in die Geschichte unserer Dinnerpartys ein. Ich gähnte meinem Tischherren nicht bereits um 21.30 Uhr vor Erschöpfung ins Gesicht, war während der Vorspeise nicht schon in Gedanken am Herd und konnte selbst den Abend so richtig genießen. Seither machen wir es immer so: Mein Mann taucht in die Welt der Weine ein und ich überlege mir ein Menü, das minimalen Aufwand und maximale Entspannung (auch für mich) bringt.

Das bedeutet im Klartext: Jedes Gericht muss fast bis zum Finish vorzubereiten sein, vor dem Servieren sind nur mehr letzte Handgriffe nötig. Klingt nach liebloser Convenience? Keineswegs! Der Schlüssel liegt in der Garmethode: Einlegen, beizen, schmoren und fermentieren sind nur einige der zahlreichen Zutaten zum Erfolgsrezept eines entspannten und genussreichen Abendessens mit Freunden.

In diesem Buch findet ihr eine ganz persönliche Sammlung meiner besten Rezepte für Abendessen mit Freunden, wenig Aufwand und viel Effekt – genauso mögen wir es.

Hier noch ein paar weitere Tipps auf dem Weg zum perfekten Dinner:

1. Gäste

Man sollte sich genau überlegen, in welcher Konstellation man seine Gäste einlädt. Passt die Stimmung nicht, kann das Essen noch so gelungen sein, der Abend wird eher ein rasches Ende nehmen. Ich lade meistens nicht mehr als acht Gäste ein, ansonsten wird mir das Kochen zu anspruchsvoll. Meine Töpfe schaffen die Menge in einem Durchgang nicht und es sorgt nur für unnötigen Stress, wenn man das Essen in mehreren Pfannen gleichzeitig oder partienweise rechtzeitig finalisieren muss. Ist man ein Newcomer in der Dinnerpartyszene, sollte man mit vier bis sechs Gästen beginnen.

2. Essen

Es empfiehlt sich nicht, eine exotische japanische Spezialität, die man nicht einmal aussprechen kann, zum ersten Mal zu probieren. Man sollte das Menü zumindest einmal gekocht haben, bevor man es seinen Gästen vorsetzt. Jede Speise sollte so weit wie möglich vorbereitet werden, damit man sie nur noch finalisieren muss, wenn die Besucher da sind.
Ich habe in diesem Buch meine liebsten Menüs für jede Jahreszeit zusammengestellt. Man kann die Gerichte natürlich auch nach Lust und Laune mischen. Wichtig ist nur, dass man auf die Balance achtet – niemand möchte als Vorspeise eine Quiche, zum Hauptgang eine Pastete und danach eine Tarte.
Es empfiehlt sich, seine Gäste vor der Menüplanung nach Unverträglichkeiten, Allergien und Aversionen zu fragen. Sie nicht zu fragen, lässt diese (Ab-)Neigungen nicht verschwinden und so kann man sich bereits bei der Planung des Abends darauf einstellen.

3. Getränke

Nicht an Getränken sparen, gute Drinks sorgen für Stimmung. Ich biete zum Aperitif meistens etwas Perlendes wie österreichischen Winzersekt, Franciacorta, Crémant oder Champagner an sowie Weißwein und Bier und eine alkoholfreie Alternative für alle, die fahren müssen oder nichts trinken möchten. Am liebsten aromatisiere ich dafür gekühltes Wasser mit frischer Minze und Granatapfelkernen, auch Rosmarin mit ein paar Himbeeren oder Thymian mit Zitronen- oder Orangenzesten geben dem Wasser einen feinen Geschmack. Für alle, die dem Alkohol nicht abgeneigt sind: Ich habe zu jedem meiner Gerichte eine Weinempfehlung abgegeben, eine gelungene Kombination kann ein Gericht auf ein anderes Level heben.

Ganz wichtig: Wein und Champagner schon am Vortag einkühlen!

4. Vorbereitung ist das halbe Leben

Damit spreche ich nicht nur das Essen an, sondern auch die Wohnung/das Haus sowie die inneren Werte. Im Detail: Essen haben wir schon besprochen, allerdings ist der Einkauf noch ein wichtiges Thema – ich besorge alles spätestens am Vortag. Sollte es nötig sein, kann man Fleisch und Fisch vom Händler seines Vertrauens vakuumieren lassen. Socken, Spielsachen, alte Zeitungen sollten ihrer Bestimmung folgen und nirgendwo herumliegen, wenn die Gäste kommen. Eine tolle Gelegenheit aufzuräumen. Vor allem Küche, Wohn- und Essraum sowie die Toiletten sollten tipptopp sein. Fühlt man sich gestresst oder nervös: Bevor die Gäste kommen, tief durchatmen, eventuell den Aperitif vorverkosten und ein kleines Oooommmm anstimmen. Ein/e unentspannte/r Gastgeber/in ist auch für die Gäste kein angenehmes Willkommen.

5. Tischdeko

Den Tisch decke ich noch, bevor ich mit dem Kochen beginne. Damit ist der Kopf frei. Ich bin allerdings keine Deko-Queen. Meine Tische sehen immer recht pragmatisch aus. Weißes Tischtuch, Stoffservietten, Kerzen, ein paar Blumen – das ist es. Es gibt sicher schlechtere Tische, aber ganz sicher auch bessere. Daher habe ich mir für dieses Buch Hilfe von meiner Freundin Viktoria Wallner geholt. Sie ist eine Meisterin ihres Fachs und bekam von mir die Aufgabenstellung, aufregende Tischdekos mit verschwindend kleinen Budgets zu gestalten und Alltagsgegenstände in die Deko einzubauen. Niemand möchte Hunderte von Euros in Dekomaterial investieren, das wir dann nie wieder einsetzen. Viktoria platzierte scheinbar selbstverständlich den Schokoosterhasen in ein grünes Körbchen, verwandelte unterschiedliche Bierflaschen etikettefrei in originelle Blumenvasen und gab dem Sommertisch mit Erdbeeren, Limetten und Nektarinen ein gewisses Etwas, das ich nie zusammengebracht hätte. Chapeau, genau so habe ich es mir vorgestellt und sehr viel gelernt. Ich hoffe, es geht euch genauso.

Wer mehr über Viktoria wissen möchte:
www.tablestories.at

6. Das böse Erwachen

Ich versuche immer bereits während des Kochens alles, was ich nicht mehr brauche, abzuwaschen. Während des Essens ist es ein ganz wunderbares Investment, wenn man sich für 2–3 Stunden eine Hilfe leistet, die das benutzte Geschirr in den Geschirrspüler räumt und die Küche soweit wie möglich reinigt. Gehen die Gäste dann spät nach Hause, ist es für mich der größte Luxus, wenn ich mich darum nicht mehr kümmern muss, sondern müde ins Bett fallen darf. Mein Mann möchte mich immer zu überreden, dass wir uns dem Ganzen gemeinsam erst in der Früh stellen, aber ich kann meinen Tag nicht mit schmutzigen Tellern und gefüllten Aschenbechern beginnen. Bei aller Liebe.

7. Humor statt Ehrgeiz

Mein größtes Ziel bei einer Essenseinladung ist es natürlich, einen gelungenen Abend voll guter Stimmung, interessanter Gespräche und viel Gelächter zu gestalten. Aber gleich danach klinkt sich mein Ehrgeiz ein, dass das Essen perfekt sein muss. Absoluter Blödsinn, weil selbst dem Fünf-Hauben-Koch einmal ein Gericht misslingen kann. Sollte also etwas danebengehen, durchatmen, tapfer lächeln, Krone zurechtrücken und weitermachen. Die Gäste können damit viel besser umgehen, als mit einer/m grantigen Gastgeber/in, der/die sich mehr darüber ärgert, dass das Steak zu durch ist, als sich freut, dass man Freunde um sich versammelt hat. Steaks sollte man sowieso nie für Gäste machen – viel zu riskant.

Wenn man all das zumindest ansatzweise in Betracht zieht, kann eigentlich nichts mehr schiefgehen. Ich wünsche euch viel Vergnügen mit meinen Rezepten und vor allem: viele unvergessliche Dinnerpartys mit Familie und Freunden!

Herzlichst

Martina Hohenlohe

Frühling

Frühling ist, wenn man aus dem Fenster schaut und einfach lächeln muss. Manche lächeln, weil die Sonne so eine gewisse Farbe und so viel Kraft getankt hat, dass man Mütze, Schal und Muff hochkant in die Ecke schleudern kann. Ich lächle vor allem, weil ich mit frischen Kräutern, Spargel, Erdbeeren, scharfem Rucola und noch schärferen Radieschen aus dem Vollen schöpfen kann. Mein Mann lächelt, weil er seinen Oldtimer abstauben kann (manchmal tut er das auch nicht), die Familie hineinpackt und in die Wachau fährt. Dann wandert er am liebsten an den Steinterrassen der Ried Klaus entlang, wo wir uns einst kennengelernt haben. Wir schauen auf die Donau und irgendwie klingt plötzlich zum Rhythmus der Strömung Musik im Hinterkopf. Einmal mit der Rollfähre auf die andere Seite übersetzen, ein bisschen Wein kosten, das Urgestein schmecken und ein paar Flaschen für das nächste Essen mit Freunden einkaufen. Das ist der Frühling und dafür lieben wir ihn.

Deko & Tipps

Womit man sich im Frühling spielen kann:
Körbe, ausgeblasene Eier, selbst gepflückte Wiesenblumen, ausgetriebene Blumenzwiebel, Federn, Palmzweige, Materialien in Gelb, Weiß und Grün, Efeu und Moos, Vasen aus Glas, naturbelassene Baumstammscheiben, Tee- oder Kaffeetassen aus schönem Porzellan.

Step by Step

1. Die Blüten des isländischen Mohns zuerst vorsichtig aus ihrer Schale lösen und etwas auffächern.

2. Dann die Stiele auf die passende Länge für die ausgewählte Vase zuschneiden und die Blumen in der Vase arrangieren.

3. Mit den unterschiedlichen Farben und verschiedenen Höhen spielen, sodass ein frühlingshafter Strauß entsteht. Dank der Größe der Blüten müssen es gar nicht zu viele Blumen sein, um ein dichtes Bild zu schaffen.

Die Stoffserviette einmal von links und einmal von rechts einschlagen. Dann zwischen zwei Teller legen und am Tisch herunterhängen lassen. Diese Variante eignet sich vor allem gut, wenn man Geschirr mit Motiv verwendet.

Dekorative Eier und Federn finden sich mittlerweile in zahlreichen Einrichtungsshops. Wenn man nach dem Tischdecken noch leere Flecken findet, kann man sie sehr rasch und effektvoll mit Eiern und Federn füllen.

Als Dekoration für einen Frühlingstisch bieten sich Eier wunderbar an. Entweder selbst ausgeblasen oder gekauft, kann man Eier in unterschiedlichen Größen und Farben mischen und in schönen Schüsseln wirkungsvoll anrichten.

Schoko-Osterhasen werden gerne als Tischdekoration verwendet. Mein Tipp: Den Hasen unbedingt aus dem Papier oder der Folie lösen. In einen Korb mit gesammeltem Moos, Efeu und ein paar Wachteleiern gesetzt, um ein Osternest zu imitieren, macht er in dieser Form viel mehr her.

Frühlingsblumen

Von prächtigem Gelb und Orange bis hin zu verschiedenen Blau- und Lila-Tönen oder aber klassischem Weiß – das Farbspektrum der Frühlingsblumen liefert zahlreiche Möglichkeiten, Farbe auf den Tisch zu bringen. Es sind schon gängige Sorten wie Tulpen in den unterschiedlichsten Varianten, Hyazinthen, Primeln und isländischer Mohn im Blumengeschäft oder auch im Supermarkt zu erschwinglichen Preisen erhältlich.

Mein Tipp: Narzissen wachsen oft wild. Nicht daran vorbeigehen, sondern unbedingt pflücken.

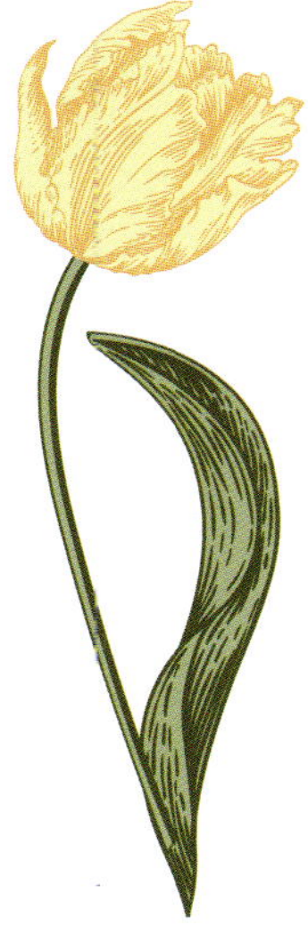

Tulpen | *Tulipa*

Hyazinthen | *Hyacinthus*

Primeln | *Primula*

Maiglöckchen | *Convallaria majalis*

Narzissen | *Narcissus*

Traubenhyazinthen | *Muscari*

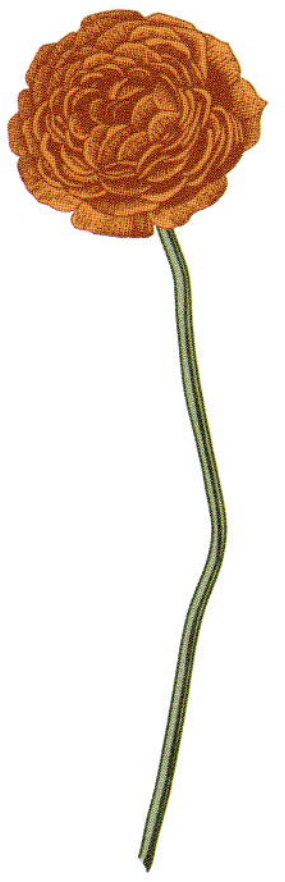

Rote Ranunkel | *Ranunculus*

Isländischer Mohn | *Papaver nudicaule*

Frühlingsmenüs

Italienische Osterquiche

Grüner Veltliner

...

Sieben-Stunden-Lamm mit Mujadara

Grauburgunder

...

Osternester

Marillenlikör

Italienische Osterquiche

Zubereitungszeit: 2 Stunden

1 Quicheform (ø 23 cm)

700 g gefrorener Blattspinat, aufgetaut
2 EL Olivenöl
2 Pkg. Blätterteig
5 Eier
250 g Ricotta
120 g Parmesan, fein gerieben
1 Prise Muskatnuss
3 Anchovifilets
Salz, Pfeffer aus der Mühle

Butter für die Form
Hülsenfrüchte oder Blindbackperlen

Tipp: Die Tarte kann auch kalt zum Picknick gegessen werden.

Möchte man sie vorbereiten, kann man sie mit der zweiten Teigplatte bedeckt in den Kühlschrank stellen und 15 Minuten vor dem Backen temperieren lassen.

Die perfekte Frühlingskombi entsteht mit einem leichten, frischen Grünen Veltliner Wachau DAC Steinfeder.

Backofen auf 190 Grad (Ober- und Unterhitze) vorheizen.

Blattspinat mit den Händen ausdrücken. Öl in einer Pfanne erhitzen, Spinat darin circa 10 Minuten auf mittlerer Flamme dünsten. Salzen und pfeffern, beiseitestellen und etwas überkühlen lassen.

Eine Packung Blätterteig ausrollen und einen Kreis mit circa 26 cm Durchmesser zuschneiden. Eine Quicheform mit 23 cm Durchmesser mit Butter ausstreichen, Teig in die Form legen, die Ränder festdrücken und überschüssigen Teig abschneiden. Mit einer Gabel circa 10 Luftlöcher in den Teig stechen, Backpapier darauflegen und Hülsenfrüchte (Bohnen, Kichererbsen, Reis oder Keramikbackperlen) auf dem Backpapier verteilen. 15 Minuten backen, die Teigränder sollten leicht gebräunt sein. Papier und Hülsenfrüchte vom Teig heben, Teig nochmals 5 Minuten backen. Aus dem Ofen nehmen und auskühlen lassen.

Backofentemperatur auf 180 Grad (Ober- und Unterhitze) reduzieren. Ein Ei in eine Schüssel schlagen, mit einer Gabel verquirlen, Ricotta und Parmesan untermischen. Spinat mit den Händen ausdrücken, grob hacken und zur Ricotta-Parmesan-Mischung geben. Mit einer Prise Muskatnuss würzen, salzen und pfeffern.

Mischung auf dem überkühlten Teig verteilen, mit einem Esslöffel drei Mulden in die Spinatmasse drücken. In jede Vertiefung ein Anchovifilet legen, dann jeweils ein Ei öffnen und in die Mulde gleiten lassen.

Die zweite Packung Blätterteig öffnen, auf die Tarte legen, überschüssigen Teig abschneiden und die Ränder zusammendrücken. Mit einem kleinen Messer 2–3 Mal einschneiden. Wenn man möchte, kann man die Oberfläche des Teiges mit den abgeschnittenen Teigresten dekorieren.

Das letzte Ei in einer Tasse verquirlen, mit einem Pinsel auf dem Teig verteilen. Quiche 45 Minuten lang backen. Sollte die obere Teigplatte zu schnell bräunen, mit Alufolie bedecken. 5–10 Minuten überkühlen lassen, anschneiden und als Vorspeise essen.

Sieben-Stunden-Lamm

mit Mujadara

Zubereitungszeit: 35 Minuten
+ 7 Stunden Garzeit

6 Portionen

Lamm

1 Lammkeule (circa 2 kg, ohne Knochen)
5 Karotten
2 Stangen Sellerie
2 Zwiebeln
5 Knoblauchzehen
1 Kräutersträußchen aus Petersilie, Lorbeerblatt, Thymian
750 ml Weißwein
300 ml Wasser
1 EL Butterschmalz
Salz, Pfeffer aus der Mühle

Mujadara

3 Knoblauchzehen
200 g Basmatireis
150 g Puy-Linsen
4 Bananenschalotten
5 Frühlingszwiebeln
1 Bund Petersilie
1 Lorbeerblatt
1 TL Kreuzkümmel (gemahlen)
1 Zimtstange
1 ½ l Gemüsefond
3 EL Olivenöl
Salz, Pfeffer aus der Mühle

Es muss nicht immer Rotwein sein – kongenial zu Lamm und Linsen: Grauburgunder Wachau DAC Smaragd.

Lamm

Backofen auf 120 Grad vorheizen (Ober- und Unterhitze). Das Fleisch mindestens 30 Minuten vor dem Garen aus dem Kühlschrank nehmen, rundum salzen. Karotten und Sellerie waschen, putzen, in Stücke schneiden. Zwiebeln und Knoblauch schälen, fein hacken.

Butterschmalz in einem Schmortopf auf dem Herd erhitzen, Lammkeule darin rundum anbraten. Gemüse zugeben, ein paar Minuten mitbraten. Wein, Wasser und das Kräutersträußchen zugeben, aufkochen lassen, mit Salz und Pfeffer würzen. Den Deckel aufsetzen und im Backofen 7 Stunden garen, zwischendurch gelegentlich wenden.

Mujadara

Knoblauch schälen, pressen. Basmatireis und Linsen jeweils in ein Sieb geben, gut durchspülen und abtropfen lassen. Schalotten schälen, in feine Ringe schneiden. Frühlingszwiebeln putzen und ebenfalls in Ringe schneiden. Petersilie waschen, trocknen und fein hacken.

Knoblauch, Lorbeerblatt, Kreuzkümmel, Zimtstange, Salz und Pfeffer in eine tiefe Pfanne oder Kasserolle geben. Gemüsefond zugeben und zum Kochen bringen. Sobald es kocht, Linsen zugeben und bei mittlerer Hitze 15 Minuten kochen. Reis unterrühren, weitere 15 Minuten kochen (die gesamte Flüssigkeit sollte vom Reis und den Linsen absorbiert sein).

Während Reis und Linsen kochen, das Olivenöl in einer weiteren Pfanne erhitzen, die Schalotten darin 15 Minuten braten, bis sie karamellisiert sind und beginnen, knusprig zu werden. Vom Herd ziehen und überkühlen lassen.

Eventuell übrige Kochflüssigkeit vom Reis und den Linsen abseihen, Lorbeerblatt und Zimtstange entfernen. Reis zurück in den Topf geben, ¾ der Frühlingszwiebeln und der gebratenen Schalotten untermischen. Kosten, eventuell mit Salz und Pfeffer würzen. Auf einer Servierplatte anrichten, mit der Petersilie und den restlichen Schalotten bestreuen und zum Lammbraten servieren.

Osternester

Zubereitungszeit: 1 Stunde
+ 1 Stunde 25 Minuten Gehzeit

8 Nester

500 g Mehl
40 g Germ
250 ml lauwarme Milch
100 g Zucker
100 g weiche Butter
2 Eier
1 TL Schale von 1 Bio-Zitrone
1 Msp. geriebene Vanille
1 Prise Salz
100 g Rosinen
100 g Mandelstifte
1 Dotter
2 EL Schlagobers
2 EL Mandelstifte

Das Mehl in eine Rührschüssel sieben.

Die Milch in einem kleinen Topf leicht erwärmen, die Germ hineinbröckeln. 1 EL vom Zucker dazugeben, umrühren, 10 Minuten aktivieren.

Danach Mehl, restlichen Zucker, weiche Butter, Salz, Vanille, Zitronenschale und Eier mit dem Milch-Germ-Gemisch vermengen. Mit der Küchenmaschine oder per Hand zu einem glatten Teig verkneten.

Etwas Mehl in eine Schüssel streuen, Teig hineingeben und an einem warmen Ort circa 30 Minuten gehen lassen.

Rosinen und Mandelstifte zugeben, nochmals durchkneten und weitere 30 Minuten gehen lassen.

Teig aus der Rührschüssel nehmen, in 16 Teile teilen und zu Strängen rollen. Immer zwei Stränge ineinanderschlingen, die Enden gut zusammendrücken, in der Mitte soll ein Loch bleiben. Auf ein mit Backpapier belegtes Backblech setzen. Mit einem Geschirrtuch bedecken und nochmals 15 Minuten gehen lassen.

In der Zwischenzeit den Backofen auf 175 Grad (Umluft) vorheizen. Dotter mit Schlagobers verquirlen, die Nester damit bestreichen. Mit Mandelstiften bestreuen.

Etwa 25–30 Minuten backen, aus dem Ofen nehmen, abkühlen lassen und in die Mitte ein bunt gefärbtes Osterei setzen. Am besten mit gesalzener Butter servieren.

Anstatt Marillenmarmelade zum Germgebäck einfach ein Glas fruchtigen Wachauer Marillenlikör probieren.

Schinken-Spargel-Rollen mit Krenmousse

Grüner Veltliner

• • •

Forelle goes Curry

Gemischter Satz

• • •

Eclairs

Espresso Macchiato

Schinken-Spargel-Rollen

mit Krenmousse

Zubereitungszeit: 20 Minuten

4 Portionen

- 8 Scheiben Berger-Traditions-Beinschinken
- 8 Stangen grüner Spargel
- 100 g Topfen
- 100 g Frischkäse
- 50 g Sauerrahm
- 3 EL frischer Kren, gerieben
- 1 TL Dijonsenf
- 1 EL Zitronensaft
- 2 EL frischer Schnittlauch, gehackt
- 2 EL Kresse
- Salz, Pfeffer aus der Mühle

Mein BERGER Schinken

Einen Topf mit Salzwasser aufsetzen. Sobald es kocht, die Spargelstangen darin 4–6 Minuten (je nach Dicke der Stangen) garen. Wenn man einen Dampfgarer hat, kann man sie auch dämpfen.

Topfen, Frischkäse, Sauerrahm, Kren, Senf, Zitronensaft, Schnittlauch und Kresse gut verrühren, mit Salz und Pfeffer abschmecken. Circa 1 EL der Masse auf jedes Schinkenblatt streichen, eine Spargelstange in die Mitte legen und einrollen. Mit Kren und Kresse bestreuen und mit frischem Schwarzbrot servieren.

Kren und würziger Grüner Veltliner sind ideal zusammen – besonders fein ist ein Wachau DAC Federspiel.

Forelle goes Curry

Zubereitungszeit: 30 Minuten

4 Portionen

4 Forellenfilets, mit Haut
40 g frischer Koriander
2 Stängel Zitronengras
3 Schalotten
2 Knoblauchzehen
1 milde, grüne Chilischote (z. B. Jalapeño)
1 Bio-Limette
2 EL Wasser
1 EL dunkles Sesamöl
1 Prise Salz
1 Dose Kokosmilch

Zum Anrichten

Reis
Sesam
Rote Chilischote
Frischer Koriander
Kokosraspeln, geröstet

Die Aromen und Dichte eines Gemischten Satzes Wachau DAC Smaragd halten dem Curry stand.

Koriander waschen, trocknen. Zitronengras schälen, das obere, trockene Drittel wegschneiden, die weichen Teile in Stücke schneiden. Schalotten schälen, halbieren, Knoblauch ebenfalls schälen. Chilischote waschen, längs halbieren, Kerngehäuse entfernen. Mit dem Sparschäler zwei Streifen Schale von der Limette schneiden, Limette auspressen. Schale und 2 EL Limettensaft mit den anderen Zutaten in einen Mixer geben. Abschließend Wasser, Sesamöl und eine Prise Salz zugeben und alles im Mixer zu einer glatten Paste mixen.

Paste in eine Pfanne geben, auf mittlere Hitze schalten und langsam rösten, bis die Paste eine trockene Konsistenz angenommen hat und die Zutaten zu duften beginnen. Kokosmilch zugeben, 10 Minuten köcheln lassen. Mit Salz abschmecken. Die Sauce kann man bis zu diesem Punkt bereits am Vortag vorbereiten und kühlstellen.

Kurz bevor die Gäste kommen, die Sauce aufwärmen. Forellenfilets waschen, trockentupfen und in die Sauce legen. Bei niedriger Hitze garziehen lassen (dauert nur wenige Minuten, je nach Stärke der Filets).

Am besten mit Reis servieren und mit Sesam, roter Chilischote, frischem Koriander und gerösteten Kokosflocken bestreut anrichten.

Tipp: Zum Servieren kann man den Fisch auf Reis betten, mit Sauce übergießen und mit Sesamkörnern, roten Chilistücken, frischem Koriander und leicht gerösteten Kokoschips oder -raspeln bestreuen.

Eclairs

Zubereitungszeit: 40 Minuten

4–6 Portionen

Brandteig
125 ml Wasser
90 g Butter
140 g Mehl
6 Eier
Salz

Vanillecrème
500 ml Milch
40 g Zucker
40 g Puddingpulver
3 Dotter
1 Prise Salz
Mark von ½ Vanilleschote
120 g Butter

Staubzucker

Zum Menü-Abschluss schlicht einen kleinen Kaffee mit aufgeschäumter Milch: Espresso Macchiato.

Vanillecrème

Von der Milch einen kleinen Teil mit dem Crèmepulver und den Dottern verrühren. Die restliche Milch mit dem Zucker, einer Prise Salz und dem Vanillemark aufkochen. Die Milch mit dem Crèmepulver und den Dottern einrühren und unter ständigem Rühren nochmals aufkochen, sodass eine dicke Crème entsteht. In die noch heiße Crème die Butter einrühren.

Die Oberfläche der Crème mit einer Folie abdecken und kaltstellen. Durch das Abdecken der Crème mit einer Folie kann sich auf der Oberfläche keine Haut bilden.

Brandteig

Wasser, Butter und Salz zum Kochen bringen. Dann das Mehl einrühren. So lange unter Rühren (Holzkochlöffel) abrösten, bis ein glatter Teig entstanden ist, der sich vom Topf löst.

In den heißen Teig nach und nach die Eier einrühren. Mit einer größeren Sterntülle (Spritzsack) auf ein mit Backpapier belegtes Backblech Stangerl in einer Länge von circa 10 cm aufdressieren.

Eine kleine hitzebeständige Schüssel mit Wasser ins Backrohr stellen und die Eclairs backen, bis sie goldbraun sind (ca. 20 Minuten).

Die erkaltete Crème mit einem Schneebesen glattrühren. Die Eclairs in der Mitte waagrecht durchschneiden und die Crème mit dem Spritzsack dressieren.

Deckel aufsetzen und die gefüllten Eclairs anzuckern.

Flammkuchen mit Kräuter-Crème fraîche
und Schinken

Grüner Veltliner-Sekt

• • •

Sojamarinierter Lachs mit grünem Spargel

Weißburgunder

• • •

Limetten-Panna cotta

Riesling

Flammkuchen

mit Kräuter-Crème fraîche und Schinken

Zubereitungszeit: 1 Stunde

4 Portionen

500 g Mehl
1 Packung Trockengerm
250 ml lauwarmes Wasser
½ TL Zucker
1 TL Salz
3 EL Öl

Belag

125 g Crème fraîche
125 g Becher Sauerrahm
1 EL Zitronensaft
Gemischte Kräuter (Schnittlauch, Petersilie, Kerbel, Basilikum, etc.)
250 g Berger-Traditions-Beinschinken oder Trüffelschinken
Salz, Pfeffer aus der Mühle

Mehl in eine Schüssel sieben, mit den restlichen Zutaten verrühren, auf einer bemehlten Arbeitsfläche gut durchkneten, bis ein glatter Teig entsteht. Mit etwas zusätzlichem Mehl bestäuben, zudecken und an einem warmen Ort zwei Mal (jeweils circa 20 Minuten) gehen lassen (dazwischen einmal durchkneten).

In der Zwischenzeit den Belag vorbereiten:

Kräuter waschen, trockenschleudern, fein hacken. Mit Crème fraîche, Sauerrahm und Zitronensaft glattrühren, mit Salz und Pfeffer würzen.

Backofen auf 180 Grad (Ober- und Unterhitze) vorheizen. Arbeitsfläche mit Mehl bestäuben, ein Drittel des Teiges dünn ausrollen. Mit Olivenöl bestreichen und circa 10 Minuten knusprig backen. Mit den zwei übrigen Dritteln genauso verfahren. Danach Crème fraîche-Mischung und Schinken darauf verteilen und sofort servieren.

Zum erfrischenden kräuterwürzigen Grünen Veltliner-Sekt greifen – ein belebender Menüstart.

Sojamarinierter Lachs

mit grünem Spargel

Zubereitungszeit: 45 Minuten

4 Portionen

4 Lachsfilets
6 EL Ahornsirup
6 EL Sojasauce
2 EL Chilisauce (z. B. Sriracha)
2 Knoblauchzehen
2 Bund grüner Spargel
1 EL Olivenöl
Salz
2 TL Sesamsamen

Ahornsirup, Sojasauce, Chilisauce verrühren, Knoblauch dazupressen. Lachs mit kaltem Wasser abspülen, trockentupfen, in ein Tiefkühlsackerl legen und die Marinade dazugießen. Mindestens 20 Minuten, höchstens 4 Stunden im Kühlschrank marinieren.

In der Zwischenzeit das Backrohr auf 180 Grad (Umluft) vorheizen. Spargelenden abbrechen. Spargel auf ein mit Backpapier ausgelegtes Backblech legen, salzen, mit etwas Olivenöl beträufeln und 15 Minuten garen. Spargel herausnehmen, zudecken und warmstellen.

Backofen-Temperatur auf 200 Grad erhöhen. Fisch aus der Marinade nehmen, mit Küchenpapier trockentupfen. Auf das Backblech legen und 15 Minuten garen.

In der Zwischenzeit die Marinade in eine Pfanne gießen, bei mittlerer Hitze 3–4 Minuten einkochen lassen.

Lachs mit Spargel anrichten und mit der Sauce beträufeln. Zum Schluss noch mit Sesam bestreuen.

Weißburgunder ist die Allzweckwaffe zu Fisch mit Spargel – ideal macht sich ein Wachau DAC Smaragd.

Limetten-Panna cotta

Zubereitungszeit: 15 Minuten
+ 3 Stunden Kühlung

4–6 Portionen

600 ml Schlagobers
150 ml Milch
8 Minzblätter
5 Gelatineblätter
60 g Zucker
Schale von 3 Bio-Limetten

Milch und Obers in einen Topf füllen, die Minzblätter zugeben und 5 Minuten leicht köcheln lassen. Die Menge sollte sich um ein Drittel reduzieren.

In der Zwischenzeit die Gelatineblätter für circa 5 Minuten in kaltem Wasser einweichen. Die Milch-Schlagobers-Mischung durch ein feines Sieb in eine Schüssel gießen, den Zucker und die Limettenschalen einrühren.

Die Gelatineblätter mit den Händen ausdrücken, zum heißen Schlagobers geben und so lange rühren, bis sie sich aufgelöst haben.

Die Masse in 4–6 kleine Förmchen (Dariole) gießen, auskühlen lassen. Mit Frischhaltefolie verschließen und im Kühlschrank circa 3 Stunden kühlstellen.

Um die Panna cotta zu stürzen, den Rand mit einem Messer vorsichtig lösen, umdrehen und leicht schütteln. So sollte sie sich leicht auf einen Teller stürzen lassen. Wenn man das nicht riskieren will: einfach aus der Form löffeln.

Zum Dekorieren eignen sich Limettenschalen, Mangowürfel, blanchierte Mandelstifte – im Grunde alles, was man gerne hat.

Riesling strahlt mit Zitrusfrucht, eine Reserve bringt eine feine, harmonische Restsüße zum Dessert.

Zitronen-Linsensuppe mit Blattspinat

Riesling

• • •

Philippinisches Chicken Adobo

Pinot Noir

• • •

Crème brûlée

Grauburgunder Beerenauslese

Zitronen-Linsensuppe

mit Blattspinat

Zubereitungszeit: 45 Minuten

4 Portionen

2 Knoblauchzehen
1 Zwiebel
200 g Beluga-Linsen
300 g mehlige Erdäpfel
250 g frischer Baby-Blattspinat
1 l Wasser
Saft von ½ Bio-Zitrone
4 EL Olivenöl
Salz, Pfeffer aus der Mühle

Knoblauch und Zwiebel schälen, beides fein würfeln. Linsen in ein Sieb geben und kalt abspülen. Erdäpfel schälen und in circa 1 cm große Würfel schneiden. Blattspinat waschen, abtropfen lassen, putzen, beiseitestellen.

Olivenöl in einem Topf erhitzen, Zwiebel und Knoblauch darin glasig anschwitzen. Linsen und Erdäpfel zugeben, gut untermischen und mit etwa 1 Liter Wasser aufgießen. Wasser gut salzen und zum Kochen bringen. Hitze reduzieren und circa 25 Minuten köcheln lassen (oder bis die Linsen weich sind).

Blattspinat unterrühren und zusammenfallen lassen. Zitronensaft zugeben, eventuell nochmals mit Salz und Pfeffer nachwürzen und in tiefen Tellern anrichten.

Lebendigkeit und Säure im Einklang: Zitronen-Linsensuppe und Riesling DAC Federspiel.

Philippinisches Chicken Adobo

Zubereitungszeit: 1 Stunde

4–6 Portionen

1 kg Hühnerbrust (ohne Haut und ohne Knochen)
8 Knoblauchzehen
1 grüne Chilischote
2 EL Pflanzenöl
125 ml Weißweinessig
100 ml Sojasauce
1 EL schwarze Pfefferkörner
2 Lorbeerblätter
1 EL brauner Zucker
100 ml Wasser
Salz, Pfeffer aus der Mühle

Zum Anrichten

Frühlingszwiebeln (in feine Ringe geschnitten)
Basmatireis

Hühnerbrüste waschen, trockentupfen, Fett wegschneiden. Eine Frischhaltefolie oder ein Tiefkühlsackerl auf das Fleisch legen, mit einem Fleischklopfer oder einer Pfanne so klopfen, dass das Huhn überall ungefähr gleich dick ist. Rundum mit Salz und Pfeffer würzen.

Knoblauchzehen schälen, mit dem Messerrücken andrücken. Chilischote waschen, längs halbieren, Kerne entfernen, Fruchtfleisch in feine Würfel schneiden.

Öl in einer tiefen Pfanne erhitzen, Hühnerbrüste rundum anbraten (circa 2 Minuten von jeder Seite – hängt von der Dicke des Fleisches ab). Aus der Pfanne heben und beiseitestellen.

In dieselbe Pfanne nun die angedrückten Knoblauchzehen, Chili, Essig, Sojasauce, Pfefferkörner, Lorbeerblätter, Zucker und Wasser geben. Aufkochen lassen und 1 Minute köcheln.

Das Huhn zurück in die Sauce geben und 15 Minuten auf kleiner Flamme köcheln lassen. Die Hühnerbrüste sollten eine Kerntemperatur von 72 Grad an der dicksten Stelle haben. Geflügel aus der Pfanne heben, beiseitestellen, Temperatur erhöhen und Sauce so lange köcheln, bis sie am Löffelrücken kleben bleibt.

Huhn wieder in die Sauce zurückgeben und mit gekochtem/gedämpftem Reis und Frühlingszwiebeln anrichten.

Die zarten Tannine eines gereiften Pinot Noir sind wie geschaffen für dieses scharfe Huhn.

Crème brûlée

Zubereitungszeit: 1 ½ Stunden
+ 12 Stunden Kühlung

6 Portionen

1 Vanilleschote
250 ml Schlagobers
200 ml Milch
60 g Zucker
1 Prise Salz
4 Eidotter (Zimmertemperatur)
2 Eier (Zimmertemperatur)
6 TL brauner Zucker

Vanilleschote längs halbieren. Mark mit dem Messerrücken herausschaben. Backofen auf 125 Grad (Ober- und Unterhitze) vorheizen.

Obers, Milch, Zucker, Salz, Vanillemark und -schote in einen Topf geben. Unter Rühren zum Kochen bringen. Den Topf vom Herd ziehen und 10 Minuten mit Deckel stehenlassen. Die Vanilleschote entfernen.

Eidotter und Eier mit dem Schneebesen schaumig schlagen. Obersmischung nach und nach unter die Eier heben.

6 flache, ofenfeste Förmchen (à circa 150 ml Inhalt) in eine Auflaufform stellen und bis zu ¾ mit der Eiermilch füllen.

Auflaufform in den vorgeheizten Backofen schieben und mit heißem Wasser angießen, sodass die Förmchen zu zwei Drittel im Wasser stehen. Crème circa 1 Stunde garen. Aus der Auflaufform nehmen, abkühlen lassen und mehrere Stunden, am besten über Nacht, kaltstellen.

Crème Brûlée mit je 1 TL braunem Zucker bestreuen. Mit dem Crème-Brûlée-Brenner (Flambierbrenner) karamellisieren. Alternativ dazu kann man den Zucker auch unter dem Grill im Backofen karamellisieren.

Crème Brûlée mit einer sanften Grauburgunder Beerenauslese mit Honig- und Malznoten kombinieren – stets eine gelungene Paarung.

Einfaches Bierbrot mit fruchtiger Guacamole

Gelber Muskateller

• • •

Warme Schinken-Spargel-Pastete

Chardonnay

• • •

Zitronencreme mit Mandeln

Riesling Auslese

Einfaches Bierbrot

mit fruchtiger Guacamole

Zubereitungszeit: 45 Minuten

1 Kastenform (23 cm Länge)

Bierbrot

- 400 g glattes Mehl
- 1 EL Backpulver
- 90 g Honig
- 250 ml Bier
- 60 g gesalzene Butter (in teelöffelgroßen Scheiben)
- Butter für die Form

Guacamole

- 3 essreife Avocados
- Saft von 1 Bio-Limette
- Saft von ½ Bio-Zitrone
- 1 Jalapeño-Chili
- 1 EL frischer Koriander, fein gehackt
- 1 EL frisches Basilikum, fein gehackt
- ½ rote Zwiebel
- 1 essreife Mango
- 2 EL Granatapfelkerne
- Salz, Pfeffer aus der Mühle

Gelber Muskateller Wachau DAC Federspiel punktet als Begleiter mit lebendig frischer Frucht.

Brot

Backofen auf 190 Grad (Umluft) vorheizen. Eine Kastenform mit Butter bestreichen. Mehl, Backpulver und Honig in einer Schüssel verrühren. Das Bier zugeben und so lange rühren, bis sich alles zu einem leicht klumpigen Teig vermischt hat (das kann man natürlich auch in der Küchenmaschine machen).

Den Teig in die Form geben und die Butterscheiben auf der Oberfläche verteilen. 35–40 Minuten backen, aus dem Ofen nehmen und 5 Minuten überkühlen lassen. Stürzen und ganz auskühlen lassen.

Guacamole

Avocados halbieren, mit einem Messer den Kern vorsichtig entfernen, Fruchtfleisch in Würfel schneiden und in eine Schüssel geben. Limetten- und Zitronensaft zugeben, alles mit einer Gabel zerdrücken und vermischen.

Chilischote waschen, halbieren, Samen entfernen und Fruchtfleisch in kleine Würfel schneiden. Mit dem Koriander und dem Basilikum zur Avocado geben. Zwiebel schälen, sehr fein hacken, ebenso zugeben.

Die Mango schälen, das Fruchtfleisch rund um den Kern abschneiden und in kleine Würfel schneiden. Gemeinsam mit den Granatapfelkernen zur Avocado geben, mit Salz und Pfeffer würzen und alles gut verrühren. Nochmals abschmecken und mit dem (am besten noch warmen) Bierbrot als Vorspeise servieren.

Warme Schinken-Spargel-Pastete

Zubereitungszeit: 1 ½ Stunden

1 Pastetenform (35 x 12 cm)

2 Pkg. Mürbteig
500 g Berger-Traditions-Beinschinken
300 g grüner Spargel

Sauce

75 g Butter
75 g glattes Mehl
2 EL Apfelessig
200 ml Geflügelfond
250 ml Schlagobers
1 TL Dijonsenf
3 EL Parmesan, frisch gerieben
2 EL frische Petersilie, gehackt
Salz, Pfeffer aus der Mühle

1 Eidotter
2 EL Schlagobers

Butter für die Form

Mein BERGER Schinken

Ein kraftvoller, stoffiger Wein mit ruhigen Aromen zur Pastete: Chardonnay Wachau DAC Smaragd.

Butter in einer Pfanne bei mittlerer Temperatur erhitzen, Mehl einrühren, kurz anrösten, dabei ständig rühren. Essig zugeben, kurz aufkochen, Geflügelfond und Schlagobers mit dem Schneebesen einrühren, bis eine glatte Sauce entsteht. Köcheln lassen, bis sie eine dickliche Konsistenz hat. Senf, Parmesan und Petersilie einrühren, abschmecken und eventuell mit Salz und Pfeffer nachwürzen. Beiseitestellen.

Spargelenden abbrechen oder abschneiden. Eine längliche Pastetenform (Kastenform) mit Butter ausstreichen. Mürbteig so in die Form legen, dass alle vier Seiten der Kastenform bedeckt sind und die Enden den Rand der Form überlappen. Den überlappenden Teig an einer Längsseite mit dem Messer abschneiden, beiseitelegen. Es sind nun drei überlappende Teigteile vorhanden.

Backofen auf 200 Grad (Ober- und Unterhitze) vorheizen.

Nun die Pastete füllen

Als unterste Schicht Schinkenscheiben hineinlegen. Dann Spargelstangen darauf verteilen. Mit der vorbereiteten Sauce bedecken. Dann wieder Schinkenscheiben, Spargelstangen, Sauce. So verfahren, bis die Zutaten aufgebraucht sind und die Pastetenform gefüllt ist. Die letzte Schicht sollte Schinken sein. Den Teig an den schmalen Seiten zuerst, dann die Längsseite nach innen klappen. Mit der abgeschnittenen Längsseite des Teiges kleine Teile zuschneiden und dekorativ auf der Pastete anordnen.

Die Pastete kann bis hierher fertiggestellt, bis zu 24 Stunden in den Kühlschrank gegeben und erst bei Bedarf gebacken werden.

Dotter mit Schlagobers vermischen, mit einem Pinsel auf den Teig streichen. Im vorgeheizten Backofen 40–45 Minuten backen. Überkühlen lassen, aus der Form lösen und noch warm mit Salat oder kalt beim nächsten Picknick, im Büro oder in der Schule essen.

Quinoa-Salat à la Sicilia

Sauvignon Blanc

• • •

Kräuterschwein mit Safran-Karotten

Traminer

• • •

Erdbeer-Semifreddo

Laurent Perrier Cuvée rosé

Quinoa-Salat

à la Sicilia

Zubereitungszeit: 30 Minuten

4 Portionen

300 g Quinoa
500 ml Gemüsefond
1 kleine Fenchelknolle
400 g Bio-Thunfisch, natur (Dose)
Zwei Handvoll Rucola
Saft und Schale von 1 Bio-Zitrone
70 ml Olivenöl
20 g geröstete Mandelblättchen
12 kleine Kapern
Salz, Pfeffer aus der Mühle

Quinoa mit dem Gemüsefond in einen Topf geben, eventuell nachsalzen (je nachdem, wie stark der Fond gewürzt ist). Zudecken und auf kleiner Flamme circa 15 Minuten garen, bis die Quinoa durch ist.

In der Zwischenzeit die Fenchelknolle waschen, putzen und mit dem Messer oder dem Gemüsehobel in sehr feine Scheiben schneiden. Thunfisch in ein Sieb geben, abtropfen lassen. Rucola waschen und trockenschleudern. Schale der Bio-Zitrone fein reiben, Saft auspressen.

Wenn die Quinoa gar ist, in eine Schüssel geben und etwas überkühlen lassen. Olivenöl mit der Hälfte des Zitronensafts, der Hälfte der geriebenen Zitronenschale, Salz und Pfeffer verrühren. Mandelblättchen, Kapern und Fenchelscheiben unter die Quinoa mischen. Mit der Zitronensaft-Olivenöl-Marinade vermischen und erst zum Schluss den Rucola unterheben. Kosten, eventuell mit Salz, Pfeffer und Zitronensaft nachwürzen. Mit der restlichen Zitronenschale bestreuen.

Dazu passt am besten knuspriges Brot mit gesalzener Butter. Ideal auch für Picknicks oder wenn etwas übrig bleibt als Mittagessen am nächsten Tag.

Thunfisch und Fenchel geben den Ton an und sind reizvoll mit einem Sauvignon Blanc Wachau DAC Federspiel.

Kräuterschwein

mit Safran-Karotten

Zubereitungszeit: 1 Stunde

4 Portionen

800 g Schweinefilet im Ganzen
6 EL gemischte Kräuter (Petersilie, Thymian, Kerbel, Basilikum, Schnittlauch, ...)
Salz, Pfeffer aus der Mühle

600 g Karotten
½ mittelgroße Zwiebel
1 EL Butter
125 ml Hühnerfond
1 Msp. Safran
Salz

Tipp: Sehr gut passen in Butter gebratene Chicoréehälften dazu.

Schweinefilet putzen, rundum salzen und pfeffern. Kräuter verlesen, hacken. Frischhaltefolie in der Größe des Filets plus 15 cm abreißen. Kräuter in der Mitte verteilen, Filet darin wälzen, straff in die Folie einwickeln. Enden zusammenzwirbeln, zurückklappen und festdrücken. Das Ganze in Alufolie einwickeln und im Kühlschrank ziehen lassen.

In der Zwischenzeit die Karotten schälen, in 5 mm dicke Scheiben schneiden. Zwiebel hacken. Butter in einem Topf zerlassen, Zwiebel darin glasig anschwitzen, Karotten zugeben, 5 Minuten mitdünsten lassen, mit dem Fond aufgießen. Salzen, Safran zugeben und 15–20 Minuten weich dünsten.

Einen Topf mit reichlich Wasser aufsetzen, in dem das ganze Filet Platz hat. Wasser zum Kochen bringen, von der Flamme ziehen und das Filet hineinlegen. Zugedeckt 15–20 Minuten ziehen lassen (je nach Dicke des Filets).

Die Karotten sollten weich sein, damit sie sich fein pürieren lassen. Inklusive Flüssigkeit zu einem dicken Püree verarbeiten (Pürierstab oder Mixer). Falls zu viel Flüssigkeit vom Dünsten übriggeblieben ist, vor dem Pürieren etwas abgießen.

Schweinsfilet aus dem Wasser nehmen, auspacken, in Scheiben schneiden. Karottenpüree mit dem Schweinsfilet anrichten.

Genial zur Kräuterwürze und dem lieblichen Safranaroma: ein Traminer Wachau DAC Smaragd.

Erdbeer-Semifreddo

Zubereitungszeit: 20 Minuten
+ 4 Stunden Kühlung

4–6 Portionen

350 g frische Erdbeeren
1 Vanilleschote
450 ml Schlagobers
3 Eier
2 Eidotter
150 g Feinkristallzucker

Erdbeeren waschen, putzen, pürieren. Vanilleschote längs halbieren, Mark auskratzen. Schlagobers mit einem Mixer steif schlagen.

Einen Topf mit circa 2 cm Wasser aufsetzen, erhitzen. Eine hitzebeständige Schüssel auf den Topf setzen (Wasserbad). Eier, Dotter, Vanillemark und Zucker im Wasserbad mit einem Handmixer cremig aufschlagen. Vom Wasserbad nehmen und weiterschlagen, bis die Masse abgekühlt ist. Das Schlagobers mit einem Schneebesen unterziehen. Die Hälfte der Masse mit den pürierten Erdbeeren vermischen.

Die andere Hälfte in eine Form (circa 3 l Inhalt) füllen und die Erdbeermasse darauf verteilen. 4–6 Stunden im Tiefkühler fest werden lassen. 10 Minuten vor dem Servieren aus dem Tiefkühler nehmen.

Geballte, sinnliche Beerenfrucht findet man in der Aromatik des Laurent Perrier Cuvée rosé Champagner und im Semifreddo.

Frühlingssalat mit frischen Erbsen und Schinken

Müller-Thurgau

• • •

Ricotta-Spinat-Gnocchi mit Minze

Neuburger

• • •

Brownies gehen immer

Rooibos-Tee

Frühlingssalat

mit frischen Erbsen und Schinken

Zubereitungszeit: 40 Minuten

4 Portionen

200 g frische Erbsen (aus der Schote gelöst), alternativ: gefrorene Erbsen
250 g Berger-Tierwohl-Schinken
2 Salatherzen
2 Frühlingszwiebeln
300 g speckige Erdäpfel
1 Bund frische Minze, gehackt
150 g griechisches Joghurt
4 EL Zitronensaft
Salz, Pfeffer aus der Mühle

Mein BERGER Schinken

Erdäpfel in Wasser garen (je nach Größe 25–35 Minuten). Kurz überkühlen lassen, schälen und in Scheiben schneiden.

Wasser aufsetzen, salzen, Erbsen darin gar kochen, abseihen (Kochwasser beiseitestellen).

Schinken in circa 1 cm breite Streifen schneiden. Salatherzen waschen, trocken schleudern, in 1 ½ cm breite Streifen schneiden. Frühlingszwiebeln putzen, waschen, in feine Ringe schneiden.

Joghurt mit Zitronensaft, Salz, Pfeffer und der Hälfte der Minze glattrühren. Sollte das Dressing zu dickflüssig sein, mit 1–2 EL vom Erbsenkochwasser verdünnen.

Salatherzen mit Schinken, Erdäpfeln, Erbsen und Frühlingszwiebeln in eine Schüssel geben, mit dem Joghurtdressing vermischen. Eventuell nochmals mit Salz, Pfeffer und Zitronensaft nachwürzen. Die restliche Minze darüberstreuen und servieren.

Wenig beachtet, aber ein herrlicher Vorspeisenbegleiter: jugendlicher, zartwürziger Müller-Thurgau.

Ricotta-Spinat-Gnocchi

mit Minze

Zubereitungszeit: 30 MInuten

4 Portionen

250 g gefrorener Blattspinat aufgetaut
(oder frischer Baby-Blattspinat)
500 g Ricotta
50 g Parmesan, frisch gerieben
2 Eier
250 g glattes Mehl
2 TL Schale von 1 Bio-Zitrone
1 TL gehackte Minze
Mehl für die Arbeitsfläche

Sauce

250 ml Schlagobers
40 g Parmesan, frisch gerieben
20 g frisches Basilikum
Salz, Pfeffer aus der Mühle

Zum Anrichten

Parmesan
Frische Minzblätter
Zitronenschale

Tipp: Man kann die Gnocchi auch schon vorab garen und bei 50 Grad im Ofen warmhalten. Erst kurz vor dem Servieren die Sauce darübergießen.

Ganz viel Cremigkeit: sowohl beim Neuburger Wachau DAC Smaragd als auch bei den Ricotta-Spinat-Gnocchi.

Blattspinat ausdrücken, grob hacken. Ricotta, Parmesan, Eier, Mehl, Zitronenschale, Minze und Spinat gut vermischen, mit Salz und Pfeffer würzen. Sollte die Masse noch zu feucht sein, etwas mehr Mehl zugeben. Arbeitsfläche mit Mehl bestreuen, Gnocchimasse in Stränge von circa 30 cm formen und in 2 cm große Stücke schneiden. Auf ein bemehltes Backblech legen und bis zur Verwendung kühlstellen.

Sauce

Basilikum waschen, abzupfen und hacken. Schlagobers aufkochen, Parmesan, Salz, Pfeffer und Basilikum zugeben, abschmecken. Ebenso bis zur weiteren Verwendung beiseitestellen.

Kurz vor dem Servieren einen großen Topf mit Salzwasser zum Kochen bringen, Hitze auf mittlere Stufe zurückschalten, Gnocchi partienweise 2–3 Minuten garen, bis sie an der Oberfläche schwimmen. Mit einem Siebschöpfer in eine Servierschüssel heben. Die Sauce eventuell nochmals aufwärmen, über die Gnocchi gießen und mit Parmesan, Minze und Zitronenschale bestreut servieren.

Brownies

gehen immer

Zubereitungszeit: 50 Minuten

1 Brownieform (ø 20 cm)

250 g dunkle
Schokolade (70 % Kakaogehalt)
250 g Butter
1 Prise Salz
4 Eier
200 g Staubzucker
2 gehäufte EL glattes Mehl
2 gehäufte EL ungesüßtes Kakaopulver

Butter für die Form

Zum Servieren

Vanilleeis
Schlagobers
Haselnüsse

Backofen auf 180 Grad (Umluft) vorheizen. Eine quadratische Brownieform (20 cm Ø) mit Butter bestreichen und mit Backpapier auslegen (wenn man keine solche Form hat, dann eine Springform verwenden).

Einen Topf mit Wasser aufsetzen, Schokolade in eine hitzebeständige Schüssel brechen, die auf den Topf passt (Wasserbad). Butter in Würfel schneiden, zur Schokolade geben und mit einer Prise Salz würzen. Schmelzen lassen. Vom Topf nehmen und leicht überkühlen.

Eier mit Zucker schaumig aufschlagen (Handmixer oder Küchenmaschine). Das Mehl mit dem Kakaopulver mischen und beides zur Eier-Zucker-Mischung sieben. Durchrühren, dann die geschmolzene Schokolade zugeben.

Masse in die vorbereitete Form gießen und 25–30 Minuten backen. Der Brownie sollte außen knusprig und innen noch wackelig sein.

15 Minuten in der Form überkühlen lassen (nicht ungeduldig werden, diese Zeit ist wichtig, damit sich alles setzt). In Stücke schneiden und noch warm, am besten mit Vanilleeis, und/oder geschlagenem Obers und Haselnüssen, servieren.

Ein Rooibos-Tee, eventuell mit Vanille aromatisiert, ist das perfekte Match mit den schokoladigen Brownies.

Sommer

In unserer Familie gibt es einige in Stein gemeißelte Gesetze:
TV-Dinner Sonntagabend, kein Handy beim Essen und Sommer im
Weinviertel. Die Welt könnte Kopf stehen, unser Lieblingsplatz eine
Stunde von Wien wäre trotzdem Pflichtprogramm. Diese unaufgeregte
Landschaft, goldgelbe Felder, deren Ähren im Wind sanfte Wellen schlagen.
Der Wirt ums Eck, der die weltbesten Marillenknödel produziert.
Die Weingärten, deren Reben sich so ordentlich über die Hügel ziehen, als
wären sie gerade mit einem Kamm frisiert worden. Und der
unglaubliche Luxus, wenn einen der Durst überfällt, einfach in ein paar
Minuten zum nächsten Winzer zu fahren, einen Wein zu kosten und zu kaufen.
Natürlich dominiert bei uns der Grüne Veltliner,
es gibt aber auch wunderbare Sauvignons, Burgundersorten und
weiter westlich eine mittlerweile ziemlich spannende Rotweinszene.
Damit haben wir hier alles, was wir für einen entspannten
Sommer brauchen. Vor allem,
wenn Gäste kommen, mit denen wir unser Glück teilen können.

Deko & Tipps

Womit man sich im Sommer spielen kann:
Einmachgläser oder leere Gläser mit Schraubverschluss, bunte Wiesenblumen, saisonale Früchte (Erdbeeren, Marillen, Pfirsiche, Kirschen), Holunderblüten, Stroh, Körbe, Muscheln, weiße Kieselsteine, getrockneter Weizen, Deko-Sand oder Sand aus dem letzten Urlaub am Meer, frische Kräuter, Lampions.

Step by Step

1. Für sommerliche Blumendeko bediene ich mich gerne im Wald oder am Feld. Schafgarbe und Lupinen geben in Kombination richtig viel her. Zuerst die Schafgarbe an den Enden zusammennehmen.

2. Dann die rosa und violetten Lupinen dazu stecken und alles zu einem schönen Bukett arrangieren.

3. Zum Schluss noch die Stiele auf die gewünschte Länge kürzen und den Strauß in einem Korb, in Karaffen oder Krügen auf den Tisch stellen.

Die Natur lässt uns im Sommer aus dem Vollen schöpfen. Der Phantasie sind keine Grenzen gesetzt, ich liebe es zum Beispiel, kleine Sträußchen aus Wiesenblumen zu binden und als Dekoration auf Platzteller zu legen. Die kleinen Sträuße gebe ich den Gästen später mit nach Hause.

Nicht immer muss die Stoffserviette gefaltet sein. Einfach ein Stück Bast zum Zusammenbinden nutzen und so für etwas Abwechslung am Tisch sorgen.

Sommer und Picknick sind untrennbar miteinander verbunden. So sorgen reichlich gefüllte Körbe als Deko für passende Stimmung. Als Inhalt dafür eignen sich unterschiedliche Früchte genauso wie bunte Blumen oder Glasflaschen.

Große Teller kann man üppig mit saisonalem Obst wie leuchtend roten Erdbeeren, saftigen Marillen oder gelben Zitronen anfüllen. Angenehmer Nebeneffekt: Nach der Dinner-Party wird das Obst zu erfrischenden Säften oder Marmelade verarbeitet.

Sommerblumen

Was gibt es Schöneres als einen Sommer-Spaziergang oder ein gemütliches Picknick im Grünen, um die Pracht der Natur zu genießen? Dabei komme ich oft an großen Wiesen vorbei, die an Farbenspiel kaum zu übertreffen sind. Der Sommer gibt für eine Dekoration mit Blumen so viel her, dass man dafür eigentlich gar nicht zum Markt muss. Ein schöner Strauß Wiesenblumen ist beim nächsten Ausflug schnell gepflückt und bringt die Jahreszeit beim Dinner mit Gästen auf den Tisch.

Lupinen | *Lupinus*

Pfingstrosen | *Paeonia*

Frauenmantel | *Alchemilla*

Fingerhut | *Digitalis*

Bartnelken | *Dianthus barbatus*

Löwenmaul | *Antirrhinum*

Rittersporn | *Delphinium*

Polyantharosen | *Rosa polyantha*

Hortensien | *Hydrangea*

Sommermenüs

Burrata mit Sellerie und Oliven

Sauvignon Blanc

• • •

Pasta al limone

Riesling

• • •

Pfirsich-Himbeer-Crumble

Muskateller Pet Nat

Vegetarisch

Burrata

mit Sellerie und Oliven

Zubereitungszeit: 20 Minuten
+ 30 Minuten Kühlung

4 Portionen

12 schwarze Oliven (ohne Kern, am besten Taggiasche)
6 Anchovis
25 g Pinienkerne
3 EL Olivenöl
2 Stangen Sellerie
4 Stk. Burrata
Saft von ½ Bio-Zitrone
Olivenöl zum Beträufeln
Salz, Pfeffer aus der Mühle

Oliven, Anchovis und Pinienkerne fein hacken. Alles mit dem Olivenöl in einer kleinen Schüssel verrühren.

Sellerie waschen, Enden abschneiden und in circa 5 mm breite Stücke schneiden. Burrata halbieren, auf Vorspeisentellern anrichten, mit dem Oliven-Pinienkern-Dressing beträufeln und die Selleriestücke am Teller verteilen. 20–30 Minuten im Kühlschrank durchziehen lassen.

10–15 Minuten vor dem Servieren aus dem Kühlschrank nehmen und temperieren lassen. Zum Schluss mit ein paar Spritzern Zitronensaft und etwas Olivenöl beträufeln und mit Salz und Pfeffer würzen.

Frischer Sauvignon Blanc samt vegetabiler Frucht ist kongenial zur Vorspeise mit Sellerie und Olive.

Pasta al limone

Zubereitungszeit: 25 Minuten

4 Portionen

- 500 g Tagliatelle
- 250 g Crème fraîche
- 3 EL frische Petersilie, gehackt
- 1 EL frische Minze, gehackt
- 5 EL Parmesan, frisch gerieben
- Schale und Saft von 1 Bio-Zitrone
- Salz, Pfeffer aus der Mühle

Reichlich Nudelwasser aufsetzen.

In der Zwischenzeit Crème fraîche mit Kräutern, Parmesan, Zitronenschale und -saft glattrühren. Mit Salz und Pfeffer abschmecken.

Sobald das Nudelwasser kocht, großzügig salzen. Nudeln darin al dente kochen. Kurz vor dem Garende eine halbe Tasse Kochwasser entnehmen. Nudeln abseihen, sofort zur Crème fraîche-Mischung geben, nach Bedarf mit dem Kochwasser etwas verflüssigen. Abschmecken, gegebenenfalls nachwürzen.

Mit Parmesan bestreut sofort servieren.

Die geballte Zitrusaromatik in der Pasta und im mittelkräftigen Riesling sind zusammen eine Wucht.

Pfirsich-Himbeer-Crumble

Zubereitungszeit: 45 Minuten

1 Auflaufform
(circa 30 x 20 cm)

8 reife Pfirsiche (circa 750 g)
250 g Himbeeren
2 EL Zitronensaft
2 EL Staubzucker
1 TL Ingwer, fein gerieben

Crumble

50 g glattes Mehl
50 g Kristallzucker
1 Prise Salz
40 g Butter (in Würfeln)
35 g Haferflocken
30 g Mandelsplitter

Butter für die Form

Ofen auf 190 Grad (Ober- und Unterhitze) vorheizen. Eine Auflaufform mit Butter bestreichen.

Die Pfirsiche halbieren, Kerne entfernen, in Spalten schneiden. In eine große Schüssel geben, mit Zitronensaft, Staubzucker und Ingwer vermischen. Zum Schluss die Himbeeren vorsichtig untermengen. In die Auflaufform geben und gleichmäßig verteilen.

Mehl, Zucker und Salz in eine Schüssel geben, die Butter zugeben und mit den Händen so lange verkneten, bis Streusel entstehen. Haferflocken und Mandelsplitter untermischen und das Ganze auf die vorbereiteten Früchte geben.

25 Minuten backen, bis die Oberfläche goldbraun und das Obst weich ist. Aus dem Ofen nehmen und 10 Minuten rasten lassen.

Fruchtbomben unter sich: Himbeeren, Pfirsiche und ein charmanter Muskateller Pet Nat.

Paradeiser-Kokos-Suppe mit Ingwer

Scheurebe

• • •

Steinbuttfilets in Zitronen-Kapern-Butter

Laurent Perrier Blanc de Blancs Brut Nature

• • •

Brombeer-Trifle

Merlot Spätlese

Paradeiser-Kokos-Suppe

mit Ingwer

Zubereitungszeit: 50 Minuten

4 Portionen

2 Bananenschalotten
1 frische, rote Chilischote
60 g Ingwer
2 Knoblauchzehen
5 Stängel Zitronengras
700 g Paradeiser (Ochsenherz- und Fleischparadeiser)
1 TL Kurkuma
2 EL Olivenöl
1 EL brauner Zucker
1 l Hühnerfond
500 ml Kokosmilch
250 g Kirschparadeiser
3 Frühlingszwiebeln
Salz
Schale und Saft von 1 Bio-Zitrone

Zum Anrichten

Chili
Mandelblättchen
Schnittlauch

Eine Scheurebe, als Alternative zum Sauvignon Blanc, geht wunderbar zur Paradeiserfrucht.

Schalotten schälen, fein würfelig schneiden. Chilischote waschen, halbieren, Kerngehäuse entfernen, Fruchtfleisch klein hacken. Ingwer ebenfalls in kleine Würfel schneiden. Knoblauch schälen, fein hacken. Zitronengras mit dem Messerrücken andrücken, die holzigen Schichten entfernen, das Weiche in feine Ringe schneiden. Fleisch- und Ochsenherzparadeiser waschen, den Strunk entfernen, in Würfel (circa 1 ½ cm) schneiden.

Olivenöl in einem Topf erhitzen. Schalotten, Ingwer, Chili, Knoblauch und Zitronengras darin 3–4 Minuten anbraten. Kurkuma und Zucker zugeben, kurz mitrösten, dann die Ochsenherz- und Fleischparadeiser untermischen. 5 Minuten bei mittlerer Temperatur dünsten. Mit dem Hühnerfond und der Kokosmilch ablöschen. 30 Minuten köcheln lassen, dann entweder in einem Mixer oder mit dem Pürierstab fein pürieren. Durch ein Sieb gießen und zurück in den Topf geben.

Kirschparadeiser halbieren, Frühlingszwiebeln waschen, putzen und in feine Ringe schneiden. Beides zur Suppe geben, erhitzen und 3 Minuten köcheln lassen. Mit Salz, Zitronensaft und -schale würzen. In tiefen Tellern mit Chiliringen, Mandelblättchen und Schnittlauch anrichten.

Steinbuttfilets

in Zitronen-Kapern-Butter

Zubereitungszeit: 30 Minuten

4 Portionen

4 Steinbuttfilets (ohne Haut)
8 EL Butter
2 EL Olivenöl
Salz, Pfeffer aus der Mühle

Sauce

2 Schalotten
2 Knoblauchzehen
2 EL Mehl
Saft und Schale von 2 Bio-Zitronen
300 ml trockener Weißwein
400 ml Hühnerfond
4 EL kleine Kapern
4 EL frische Petersilie, gehackt

AIBLER
EISHKEN ESTATE
FISCHHANDEL

Fischfilets mit kaltem Wasser waschen, trockentupfen, mit Salz und Pfeffer würzen.

4 EL Butter mit dem Olivenöl bei mittlerer Temperatur in einer Pfanne erhitzen. Fisch darin 2 Minuten braten, wenden, nochmals 2 Minuten braten (Garzeit hängt von der Dicke der Filets ab).

Fisch vorsichtig aus der Pfanne heben, auf einen Teller legen, mit Alufolie bedecken.

Zitronenschale reiben, Zitronen auspressen. Schalotten und Knoblauch schälen, beides sehr fein hacken. Restliche Butter in die Pfanne geben, Schalotten und Knoblauch darin circa 1 Minute glasig dünsten. Mehl zugeben, unter Rühren eine weitere Minute rösten. Nun den Wein zugießen, aufkochen lassen, Hühnerfond zugeben, bei mittlerer Hitze 7–10 Minuten köcheln lassen.

Kapern, Zitronenschale und Saft einrühren. Kosten, eventuell nachwürzen und zum Schluss die Petersilie unterrühren. Fischfilets auf Tellern anrichten und mit der Sauce überziehen.

Ein luxuriöser Traum mit salziger Note: Laurent Perrier Blanc de Blancs Brut Nature und Steinbutt.

Brombeer-Trifle

Zubereitungszeit: 30 Minuten
+ 3 Stunden Kühlung

8 Portionen

- 200 g fertiger Rührkuchen
- 100 ml Sherry
- 100 g Cantuccini
- 300 g frische Brombeeren
- 300 ml Schlagobers
- 2 EL Mandelsplitter

Crème

- 500 ml Milch
- 150 g Schlagobers
- 8 Eidotter
- 75 g Zucker
- 1 EL Maisstärke

Milch und Schlagobers für die Crème in einen Topf geben und bei mittlerer Hitze erwärmen. Eidotter, Zucker und Maisstärke glattrühren. Sobald die Milch-Obers-Mischung leicht zu köcheln beginnt, mit dem Schneebesen zur Dotter-Zucker-Mischung geben, dabei ständig rühren.

Nun das Ganze wieder in den Topf zurückgeben, bei schwacher Hitze so lange unter Rühren erwärmen, bis die Crème bindet. Ein Backpapier oder eine Frischhaltefolie auf die Oberfläche legen (damit keine Haut entsteht). Beiseitestellen und auskühlen lassen.

Den Rührkuchen in 3 cm große Stücke brechen und am Boden einer Glasschüssel verteilen. Sherry darüberträufeln. Cantuccini grob hacken und auf dem Kuchen verteilen. Zwei Drittel der Brombeeren daraufgeben, dann die ausgekühlte Crème daraufstreichen. Das Schlagobers steifschlagen, als letzte Schicht auf dem Trifle verteilen. Mindestens 3 Stunden kühlstellen.

Mandelsplitter in einer Pfanne ohne Öl goldbraun rösten. Kurz vor dem Servieren die restlichen Brombeeren und die Mandelsplitter auf den Trifle streuen.

Merlot macht nicht nur als trockener Rotwein gute Figur, als Spätlese passt er perfekt zum Brombeerdessert.

Kalte Tomatensuppe mit Wodka

Rosé

• • •

Schinken-Sellerie-Gröstl mit Ei

Grüner Veltliner

• • •

Schokolade-Himbeer-Tarte

Rotwein

Kalte Tomatensuppe

mit Wodka

Zubereitungszeit: 30 Minuten
+ 2 Stunden Kühlung

6 Portionen

3 rote Spitzpaprika
1 kg reife Tomaten (möglichst eine Sorte mit wenigen Kernen, wie Eier- oder Ochsenherztomaten)
1 Salatgurke
2 Knoblauchzehen
100 ml Olivenöl
10 Eiswürfel
Saft von 2 Bio-Limetten
300 ml passierte Tomaten
2 EL frisches Basilikum, fein geschnitten
6 cl Wodka (oder Tequila)
Salz, Pfeffer aus der Mühle

Salsa

2 Schalotten
½ gelber Spitzpaprika
1 orange Chilischote
½ Bund Petersilie
1 EL Zitronensaft
1 EL Olivenöl

Paprikaschoten mit einem Sparschäler schälen, längs halbieren, Kerngehäuse, Kerne und Scheidewände entfernen. Tomaten waschen, Strunk entfernen, mit einem kleinen Löffel die Kerne so gut wie möglich entfernen. Salatgurke schälen, entkernen, in Stücke schneiden. Knoblauchzehen schälen.

Paprika in grobe Stücke schneiden, mit Tomaten, Gurken und Knoblauch in den Mixer geben und fein mixen. Olivenöl, Eiswürfel, passierte Tomaten, Limettensaft, Basilikum, Wodka bzw. Tequila zugeben, kräftig salzen und pfeffern, nochmals durchmixen.

Mindestens für 2 Stunden kühlstellen.

In der Zwischenzeit die Salsa zubereiten: Schalotten schälen, sehr fein hacken. Spitzpaprika und Chilischote waschen, putzen, in sehr kleine Würfel schneiden. Petersilie waschen, trocknen, fein hacken. Alles gemeinsam mit Zitronensaft und Olivenöl vermischen und ebenso kaltstellen.

Vor dem Servieren unbedingt nochmals mit Salz und Pfeffer abschmecken. Suppe in Schüsseln oder Suppenteller füllen, mit Salsa anrichten und eventuell mit Croutons oder frischem Weißbrot servieren.

Rosé auf der fruchtbetonten Seite ist das Spiegelbild der sommerlich kühlen Tomatensuppe.

Schinken-Sellerie-Gröstl

mit Ei

Zubereitungszeit: 45 Minuten

4 Portionen

- 1 Zwiebel
- 1 Knoblauchzehe
- 2 Zweige Thymian
- 350 g Knollensellerie
- 2 Handvoll frischer Baby-Blattspinat
- 150 g Berger-Krenschinken
- 4–5 EL Wasser
- 1 TL Butter
- 2 TL Rapsöl
- 1 EL körniger Senf
- 4 Eier
- 30 g Gruyère, frisch gerieben
- Salz, Pfeffer aus der Mühle

Mein BERGER Schinken

Zwiebel und Knoblauch schälen, Zwiebel halbieren, dann in feine Scheiben schneiden. Knoblauch fein hacken. Thymianblättchen von den Zweigen streifen. Knollensellerie schälen, in dünne Scheiben, dann in circa 2 cm lange Streifen schneiden. Baby-Blattspinat waschen, verlesen, trockenschleudern. Berger-Krenschinken ebenso in 2 cm lange Streifen schneiden.

Butter und Öl in einer großen Pfanne erhitzen. Zwiebel darin 10 Minuten bei mittlerer Hitze goldbraun rösten. Knoblauch und Thymian zugeben, 1 Minute mitrösten. Dann den Sellerie zugeben, gut untermischen, Wasser zugeben, zugedeckt 8–10 Minuten dünsten, bis der Sellerie weich ist. Das Wasser sollte verdunstet sein.

Nun den Baby-Blattspinat und den Schinken untermischen, Hitze erhöhen, damit der Schinken etwa 3 Minuten braten kann und der Spinat zusammenfällt. Kosten, eventuell nachsalzen.

Hitze wieder auf mittlere Stufe reduzieren, mit einem Löffel vier Mulden im Gemüse schaffen, die Eier hineinschlagen. Senf in kleinen Dosen in der Pfanne verteilen, Käse darüberstreuen und das Ganze zugedeckt 3 Minuten garen lassen. Mit schwarzem Pfeffer würzen und direkt aus der Pfanne essen.

So schlank wie die Gemüsepfanne mit Schinken: ein animierender Grüner Veltliner Weinviertel DAC.

Schokolade-Himbeer-Tarte

Zubereitungszeit: 40 Minuten
+ 3 Stunden Kühlung

1 Tarteform (ø 26 cm)

1 Pkg. süßer Mürbteig
3 EL Feinkristallzucker
1 EL Maisstärke
320 g frische Himbeeren (oder 300 g gefrorene Himbeeren, aufgetaut)

Fülle

100 ml Schlagobers
200 g Frischkäse, natur
1 Msp. geriebene Vanille
70 g Staubzucker

Topping

50 g dunkle Schokolade
45 g Butter

Butter für die Form
Backperlen oder Hülsenfrüchte zum Blindbacken

Backofen auf 180 Grad (Umluft) vorheizen.

Eine Tarteform mit Butter ausstreichen. Mürbteig noch etwas ausrollen und in die Form geben. Den Teig in die Rillen der Form drücken und den Boden 7–8 Mal mit einer Gabel einstechen. Ein Stück Backpapier auf den Teig legen und mit den Backperlen oder Hülsenfrüchten beschweren.

Teig in den vorgeheizten Ofen geben und 10 Minuten backen. Backpapier mit den Backperlen oder Hülsenfrüchten entfernen, Teig nochmals 5 Minuten backen. Aus dem Ofen nehmen und überkühlen lassen.

Während der Tarteboden bäckt, die Himbeeren mit dem Zucker und der Maisstärke in einen Topf geben und auf mittlerer Hitze unter Rühren zum Kochen bringen. 2 Minuten köcheln lassen. Topf vom Herd ziehen und die Himbeeren circa 10 Minuten überkühlen lassen.

Die Himbeeren auf dem Tarteboden verteilen und in den Kühlschrank stellen.

Das Schlagobers mit dem Handmixer steifschlagen. In einer weiteren Schüssel Frischkäse, Vanille und Zucker glattrühren. Schlagobers unterheben. Das Ganze nun auf den Himbeeren verteilen und glattstreichen. Eine Stunde kühlstellen.

Butter und Schokolade in eine kleine feuerfeste Schüssel geben, über einen kleinen Topf mit kochendem Wasser setzen und schmelzen lassen (Wasserbad). Gut verrühren, 5 Minuten auskühlen lassen und über die Frischkäsemasse gießen. Verteilen und glattstreichen. Tarte im Kühlschrank mindestens 2 Stunden rasten lassen. Man kann sie auch schon am Vortag zubereiten.

Rotwein zum süßen Dessert scheint ungewöhnlich, hier passt er sehr gut. Dunkle Beerenfrucht vereint die beiden.

Zalouk

Roter Veltliner

• • •

Kokos-Kräuter-Polenta mit Schwammerln & Spinat

Grüner Veltliner

• • •

Gestürzter Orangenkuchen

Riesling Beerenauslese

Vegan

Zalouk

Zubereitungszeit: 1 Stunde

4 Portionen

3 Melanzani
3–5 Knoblauchzehen
Olivenöl
1 Dose Paradeiser, gewürfelt
1–2 TL Kreuzkümmel
1–2 TL Koriandersamen
1–2 TL Paprikapulver
Chilipulver nach Geschmack
1 EL Tomatenmark
Saft von ½ Bio-Zitrone
Salz, Pfeffer aus der Mühle

Zum Anrichten

Frische Petersilie, gehackt
Granatapfelkerne
Frisches Baguette

Melanzani in 1 cm große Würfel schneiden, Knoblauch hacken. In einem Topf reichlich Olivenöl erhitzen. Melanzani darin rundum anbraten, dann Knoblauch, Paradeiser und die Gewürze dazugeben und für mindestens 45 Minuten köcheln lassen.

Zitronensaft und Tomatenmark beifügen, kosten und gegebenenfalls mit Salz und Pfeffer nachwürzen.

Kann warm oder kalt serviert werden. Am besten garniert man mit gehackter Petersilie und Granatapfelkernen und reicht frisches Baguette, Pfannen- oder Fladenbrot dazu.

Würzig-frische marokkanische Aromen finden im Roten Veltliner ihren perfekten Partner.

Kokos-Kräuter-Polenta

mit Schwammerln & Spinat

Zubereitungszeit: 30 Minuten

4 Portionen

Polenta

400 ml Kokosmilch
650 ml Gemüsesuppe
300 g feiner Maisgries (Polenta)
Gemischte Kräuter, gehackt (z. B. Basilikum, Thymian, Rosmarin, Petersilie, etc.)
Salz, Pfeffer aus der Mühle
Oliven, gehackt (optional)

Schwammerl

250 g Champignons/Steinpilze
250 g große Kräuterseitlinge
500 g frischer Baby-Blattspinat
2 Zwiebeln
3–4 Knoblauchzehen
5 EL Sojasauce
Salz, Pfeffer aus der Mühle
Olivenöl

Zum Anrichten

Geröstete Nüsse für das Topping
(z. B. Pinienkerne, Walnüsse, Mandelsplitter, …)

Grüner Veltliner Weinviertel DAC Große Reserve mit Schwammerln und Kräutern – Harmonie pur.

Polenta

In einem Topf Gemüsesuppe und Kokosmilch aufkochen, mit Salz und Pfeffer würzen. Die Polenta mit einem Schneebesen circa 1 Minute gut einrühren, damit keine Klümpchen entstehen. Kurz aufkochen und dann die Temperatur verringern.

Je nach Art der Polenta laut Packung ziehen bzw. köcheln lassen. Die Polenta sollte schön cremig sein – man kann nach Bedarf auch noch mehr Suppe oder Kokosmilch hinzugeben.

Dann die gehackten Kräuter einrühren und abschmecken. Wer möchte, kann auch Oliven hineingeben.

Schwammerl

Die Schwammerln putzen, Champignons/Steinpilze in Streifen schneiden. Die Kräuterseitlinge längs in circa 1–2 cm dicke Scheiben schneiden, die Schnittflächen rautenförmig einritzen und etwas salzen. Die Zwiebeln klein schneiden, den Knoblauch hacken. Spinat waschen, verlesen und trocknen.

Zwei Pfannen mit Olivenöl erhitzen. In einer davon Zwiebeln und Champignons/Steinpilze für etwa 6 Minuten braten. In der anderen die Kräuterseitlinge scharf anbraten, bis sie goldbraun und knusprig werden. Zu den Champignons/Steinpilzen den Knoblauch geben, kurz mitrösten, dann Spinat hinzufügen und mit Sojasauce ablöschen. Mit Salz und Pfeffer abschmecken.

Polenta mit der Schwammerl-Spinat-Mischung anrichten, die Kräuterseitlinge daraufgeben und mit gerösteten Nüssen bestreuen.

Gestürzter Orangenkuchen

Zubereitungszeit: 1 ½ Stunden

1 Springform (ø 26 cm)

- 1 ½ kg Bio-Orangen
- 600 ml Wasser
- 150 g Zucker
- 300 g Mehl
- 150 g Zucker
- 3 TL Backpulver
- ½ TL Salz
- 200 ml Pflanzendrink (z. B. Mandel oder Soja)
- 100 ml Rapsöl
- 50 ml Olivenöl
- 1 TL Vanilleextrakt
- Optional: etwas Zitronenzeste

Tipp: Wenn sie gerade Saison haben, passen Blutorangen für diesen Kuchen ebenfalls wunderbar.

Von den Orangen so viele pressen, bis man 160 ml Saft hat. Den Rest schälen und in dünne Scheiben (circa 5 mm) schneiden. In einer Pfanne das Wasser mit dem Zucker erhitzen, die Orangenscheiben darin für etwa 15 Minuten köcheln lassen. Herausnehmen und etwas auskühlen lassen. Das Zuckerwasser einreduzieren, bis ein Sirup entsteht.

Das Mehl sieben, dann mit Zucker, Backpulver und Salz mischen. In einem anderen Gefäß die flüssigen Zutaten verrühren (Orangensaft, Pflanzendrink, Rapsöl, Olivenöl plus Vanilleextrakt). Dann in einer großen Schüssel mit den trockenen Zutaten vermischen. Achtung – nicht zu lange rühren, sonst wird der Kuchen nicht so fluffig.

Eine runde Kuchenform mit Backpapier auskleiden und die Orangenscheiben dicht aneinander darauflegen. Dann den Teig hineingießen.

Bei 180 Grad für circa 45 Minuten backen (Stäbchentest). Überkühlen lassen und stürzen. Den Kuchen mit dem Sirup beträufeln.

Riesling zu Orangen ist top – als Beerenauslese kommt auch noch die richtige Dosis an Süße ins Spiel.

Pizza-Zupfbrot

Rosé

…

Goldbrasse mit Oliven, Tomaten und Fenchel

Viognier

…

Himbeertarte

Sekt rosé

Pizza-Zupfbrot

Zubereitungszeit: 2 Stunden

1 Auflaufform
(circa 30 x 20 cm)

Teig

1 Würfel Germ

60 ml warmes Wasser

3 EL Olivenöl

150 ml Milch

2 EL Zucker

500 g Mehl

50 g Parmesan, frisch gerieben

1 EL getrocknete italienische Kräuter

1 TL Salz

2 Eier

50 g Butter, geschmolzen

5 getrocknete Tomaten in Öl, abgetropft und gehackt

Füllung

6 EL Tomatenmark

1 EL Wasser

1 Knoblauchzehe, gepresst

250 g Mozzarella

4 EL Butter, geschmolzen

3 EL Parmesan, frisch gerieben

4 EL frisches Basilikum, fein gehackt

Salz, Pfeffer aus der Mühle

Olivenöl für die Form

Pizza und Rosé passen einfach zueinander – zum würzigen Zupfbrot darf der Wein ruhig Struktur haben.

Germ mit Wasser, Olivenöl, Milch und Zucker in einer Schüssel verrühren, stehen lassen, bis man Bläschen erkennt. Mehl, Parmesan, getrocknete Kräuter und Salz in einer Schüssel vermischen. Eier, Butter und getrocknete Tomaten untermischen. Dann die Germ-Milch-Mischung zugeben und alles 8–10 Minuten mit der Küchenmaschine oder per Hand verkneten.

Mit einem Küchentuch zudecken und an einem warmen Ort circa 45 Minuten gehen lassen, bis der Teig sein Volumen verdoppelt hat.

Den Teig aus der Schüssel nehmen und auf einer bemehlten Arbeitsfläche mit den Händen nochmals durchkneten. In 12 gleich große Stücke schneiden, mit Mehl bestäuben.

Backofen auf 180 Grad (Ober- und Unterhitze) vorheizen. Eine ofenfeste Form mit Öl bepinseln.

Tomatenmark mit Wasser und einer gepressten Knoblauchzehe verrühren, mit Salz und Pfeffer würzen. Mozzarella in 12 Würfel schneiden.

Jedes Stück Teig mit den Händen platt drücken, mit der Tomatensauce bestreichen und einem Stück Mozzarella belegen. Die Teigränder in der Mitte zusammenfügen, mit der Naht nach unten in die Form setzen. Mit der flüssigen Butter bestreichen, mit Parmesan bestreuen.

Im vorgeheizten Backofen 25–30 Minuten backen. Sollte es oben zu dunkel werden, mit Alufolie abdecken. Mit der restlichen Butter nochmals bestreichen, 10 Minuten in der Form überkühlen lassen. Mit dem Basilikum bestreuen und Stück für Stück abbrechen und genießen.

Goldbrasse

mit Oliven, Tomaten und Fenchel

Zubereitungszeit: 1 Stunde

4 Portionen

2 ganze Goldbrassen (jeweils circa 450 g), geschuppt und ausgenommen
4 EL Olivenöl
2 mittelgroße Fenchelknollen
8 längliche Tomaten (oder eine andere Sorte mit wenigen Kernen; ersatzweise: 2 Dosen geschälte Tomaten)
60 g schwarze Oliven (mir sind Taggiasche am liebsten), ohne Kern
150 ml trockener Weißwein
Eine Handvoll frisches Basilikum
Salz, Pfeffer aus der Mühle

Fenchel waschen, putzen, in feine Scheiben schneiden. Tomaten schälen (entweder mit einem Sparschäler oder indem man sie kurz in kochendes Wasser taucht), grob hacken. Oliven abseihen. Basilikum abzupfen und ebenfalls grob hacken.

Fische kalt abspülen und mit Küchenpapier trockentupfen. Auf jeder Seite mit einem scharfen Messer etwa 3 Mal einschneiden, mit 2 EL Olivenöl rundum einreiben. Mit Salz und Pfeffer würzen.

Ofen auf 200 Grad (Ober- und Unterhitze) vorheizen. 2 EL Olivenöl in einer ofenfesten Pfanne erhitzen, Fenchel zugeben, leicht salzen und circa 5 Minuten bei mittlerer Hitze dünsten. Die Hitze erhöhen, Weißwein zugeben und eine Minute einkochen lassen. Tomaten und Oliven sowie die Hälfte des Basilikums untermischen. Mit Salz und Pfeffer würzen, einmal aufkochen lassen. Dann den Fisch auf das Gemüse legen und die Pfanne in den Ofen schieben. 15–20 Minuten im Ofen braten, bis der Fisch saftig und durch ist.

Am besten in der Pfanne in der Mitte des Tisches servieren und mit Reis, Couscous oder Weißbrot und grünem Salat anrichten.

Ein Stück Südfrankreich im Weinviertel – aromatischer Viognier im Glas zum Mittelmeergericht.

Himbeertarte

Zubereitungszeit: 1 Stunde
+ 30 Minuten Kühlung

1 Tarteform (ø 26 cm)

Mürbteig

100 g kalte Butter, in Würfeln

50 g Staubzucker

1 Msp. geriebene Vanille

1 Ei

220 g Mehl

1 Prise Salz

Belag & Überguss

200 g weiße Schokolade

150 ml Schlagobers

40 g Zucker

1 Prise Salz

70 g weiche Butter

2 Eier

400 g gefrorene Himbeeren (aufgetaut)

3 EL Mandelblättchen

Butter für die Form

Getrocknete Hülsenfrüchte oder Blindbackperlen

Die Region ist eine wahre Sekthochburg, zur Beerentarte am besten eine rosa Variante öffnen.

Butter, Staubzucker und Vanille in der Küchenmaschine oder mit dem Handmixer rasch vermengen. Ei zugeben, weiterrühren. Mehl und Salz untermischen. Teig auf einer Arbeitsfläche mit den Händen glattkneten. Auf einen Teller geben, mit Frischhaltefolie abdecken und 30 Minuten (maximal 4 Tage) im Kühlschrank rasten lassen.

Teig aus dem Kühlschrank nehmen, circa 20 Minuten temperieren lassen. Backofen auf 200 Grad (Ober- und Unterhitze) vorheizen. Form ausbuttern.

Teig zwischen zwei Lagen Frischhaltefolie legen, rund und circa 5 mm dick ausrollen. Die obere Folie abziehen, Teig umdrehen und in die Form legen, zweite Folie abziehen. Teig in den Boden drücken, überlappende Teile über den Rand legen, mit dem Nudelwalker über die Tarteform rollen und die abfallenden Teigstücke weggeben.

Backpapier auf den Teig legen, mit getrockneten Hülsenfrüchten oder Blindbackperlen beschweren und 15 Minuten blindbacken.

Teig aus dem Ofen nehmen, Backpapier und Bohnen entfernen, weitere 5 Minuten backen.

Auskühlen lassen (Teig kann man schon am Vortag zubereiten). Backofentemperatur auf 170 Grad reduzieren.

In der Zwischenzeit die Füllung vorbereiten: Schlagobers, Zucker und Salz aufkochen lassen, von der Flamme ziehen. Schokolade ins Obers bröckeln und rühren, bis sie sich aufgelöst hat. Dann die weiche Butter einrühren. Eier gut verquirlen, unter ständigem Rühren in das Obers mischen.

Die Himbeeren auf dem Tarteboden verteilen. Schokolademasse darübergeben, mit Mandelblättchen bestreuen. Auf mittlerer Schiene 30 Minuten backen.

Kalte Erbsen-Minz-Suppe mit Kräuteröl

Weißburgunder

• • •

Pulled Pork vom Wildschwein

Zweigelt

• • •

Schnelle Heidelbeer-Cheesecakes

Muskat Ottonel

Kalte Erbsen-Minz-Suppe

mit Kräuteröl

Zubereitungszeit: 35 Minuten
+ 2 Stunden Kühlung

4 Portionen

1 kg frische Erbsen (ersatzweise 600 g gefrorene Erbsen)
1 mittelgroße Zwiebel
1 EL Butter
500 ml Gemüsefond
200 ml griechisches Joghurt
8 frische Minzblätter
Salz, Pfeffer aus der Mühle

Kräuteröl

1 Bund Petersilie
1 Bund (circa 40 g) Basilikum
2 Zweige Dille
Schale von 1 Bio-Zitrone
½ TL Salz
300 ml Olivenöl

Kräuter waschen, trocknen, abzupfen und mit Zitronenschale, Öl und Salz in einem Mixer kräftig durchmixen. In ein sauberes Marmeladeglas oder eine verschließbare Glasflasche füllen und kühlstellen.

Zwiebel schälen, fein hacken. Erbsen aus der Schale lösen (wenn man Tiefkühlerbsen verwendet, entfällt dieser Schritt). Butter in einem Topf zerlassen, Zwiebel darin 4–5 Minuten bei mittlerer Hitze glasig anbraten. Erbsen zugeben, eine Minute mitdünsten. Dann mit dem Gemüsefond aufgießen, das Ganze zum Kochen bringen und so lange köcheln lassen, bis die Erbsen weich sind (das dauert bei frischen Erbsen circa 8–10 Minuten, je nach Größe der Erbsen. Bei Tiefkühlerbsen reichen zwei Minuten).

In der Zwischenzeit die Minze waschen, trocknen, grob hacken. Suppentopf vom Herd ziehen, Joghurt und Minze zugeben und alles mit dem Stabmixer fein pürieren. Mit Salz und Pfeffer würzen.

Wenn man die Suppe besonders fein haben möchte, sollte man sie nun durch ein Sieb passieren. Danach mindestens zwei Stunden kühlstellen.

Vor dem Servieren unbedingt nochmals abschmecken. In Schüsseln aufteilen und mit dem Kräuteröl beträufeln.

Ganz fein, cremig und gleichzeitig erfrischend sind beide – die Suppe und ein Weißburgunder.

Pulled Pork

vom Wildschwein

Zubereitungszeit: 30 Minuten
+ 12 Stunden Kühlung
+ 6 Stunden garen
+ 1 Stunde ruhen

6–8 Portionen

2 ½ kg Schweinenacken vom Wildschwein (ohne Knochen)
250 ml naturtrüber Apfelsaft
200 ml Hühnerfond
3 EL brauner Zucker
4 EL Grillgewürzmischung
1 großer Gefrierbeutel

BBQ-Sauce

8 g Kreuzkümmel, ganz
8 g getrocknete Chiliflocken
8 g weiße Pfefferkörner
200 g Ketchup
120 g Apfelessig
60 g brauner Zucker
10 g geräuchertes Paprikapulver
50 g Chilisauce (Sriracha)
20 g Worcestershiresauce
Salz

1 kleine rote Zwiebel
3 EL Weißweinessig
1 Lorbeerblatt
1 TL schwarzer Pfeffer
Rucola oder Salatherzen
6 Mini-Baguettes zum Aufbacken
4 EL Barbecuesauce

Am Vortag die Grillgewürzmischung mit 2 EL braunem Zucker mischen. Den Braten damit rundum einreiben. Dann in einen Gefrierbeutel geben und die Luft herausdrücken. 10–12 Stunden darin im Kühlschrank marinieren lassen.

Am nächsten Tag den Ofen auf 120 Grad (Ober- und Unterhitze) vorheizen. 1 Stunde vor Beginn den Braten aus dem Kühlschrank nehmen, er sollte Raumtemperatur haben.

Den Apfelsaft, 1 EL braunen Zucker und den Hühnerfond mischen. Den Braten aus seiner Verpackung nehmen und alles, was sich darin befindet, in die Fruchtsaftmischung schütten.

Den Braten auf den Grillrost des Backofens legen, Fruchtsaftmischung in eine feuerfeste Schale füllen und unter den Braten in den Backofen stellen. Mittig in den Braten ein Bratenthermometer einstechen.

NÖ JAGDVERBAND

BBQ-Sauce

Kreuzkümmel, Chili und Pfefferkörner in einer Pfanne ohne Öl rösten, bis sie zu duften beginnen. Dann in einem Mörser zerstoßen. Alle weiteren Zutaten mit den gerösteten Gewürzen in einem Topf verrühren und zum Kochen bringen, Hitze reduzieren und 15 Minuten köcheln lassen, bis die Sauce eine sämige Konsistenz hat. Kosten und mit Salz abschmecken.

Eingelegte Zwiebeln

Rote Zwiebel schälen, in feine Ringe schneiden. In ein Gefäß geben und mit Essig, Pfefferkörnern und Lorbeerblatt vermischen. Beiseitestellen.

Zwischendurch sollte man immer wieder kontrollieren, ob noch genug Flüssigkeit in der Schale im Backofen ist. Wenn nicht, einfach Wasser, Saft oder Fond nachgießen. Nach 3 ½ Stunden sollte der Braten schon eine Kerntemperatur von etwa 70 Grad haben. Ab jetzt sollte man ihn ab und zu mit der Flüssigkeit, die darunter steht, bepinseln oder begießen.

Achtung: Der Braten hat meist eine „Plateauphase", d. h. die Kerntemperatur, die ansonsten stetig steigt, bleibt lange (bis zu einer Stunde) auf demselben Niveau, geht manchmal sogar etwas hinunter. Das ist normal. Bitte die Temperatur nicht erhöhen. Man muss einfach etwas Geduld haben.

Hat der Braten nach circa 6 Stunden eine Kerntemperatur von 90–95 Grad erreicht, aus dem Ofen nehmen, großzügig in Alufolie und danach nochmals in Küchentücher wickeln. Er sollte eine Stunde ruhen.

Den Braten mit zwei Gabeln auseinanderpflücken, sodass man das Fett wegnehmen kann und zerfaserte Fleischstücke erhält. Das Fleisch in eine Schüssel geben, eventuell mit etwas Flüssigkeit aus dem Ofen beträufeln und mit der fertigen BBQ-Sauce vermischen.

Mini-Baguettes im Ofen knusprig backen, halbieren, mit Pulled Pork, Salat und eingelegten Zwiebeln anrichten.

Zum Pulled Pork Österreichs Paraderotwein – ein würziger Zweigelt mit viel Trinkfluss.

Schnelle Heidelbeer-Cheesecakes

Zubereitungszeit: 30 Minuten

4 Cheesecakes

1 Pkg. süßer Mürbteig
2 EL Frischkäse
1 ½ EL Heidelbeermarmelade
geriebene Schale von 1 Bio-Zitrone
16 frische Heidelbeeren
1 Eiweiß
1 Dotter + etwas Milch zum Bestreichen

Zum Anrichten

Vanilleeis
Frische Minze
1 EL Mandelsplitter

Das Backrohr auf 180 Grad (Umluft) vorheizen. Den Teig ausrollen und 8 Kreise mit einem Durchmesser von 7–8 cm ausstechen. Den Rand von 4 Kreisen mit Eiweiß bepinseln.

Auf die anderen 4 Kreise die Fülle verteilen: jeweils 1 TL Frischkäse, Heidelbeermarmelade, 4 frische Heidelbeeren und etwas Zitronenschale. Die vier vorbereiteten Teigkreise darauflegen, an den Rändern festdrücken und mit einer Gabel rundum ein Muster in den Rand drücken. Dotter mit Milch vermischen und die Cheesecakes damit bestreichen.

Jeden Cheesecake zwei Mal einschneiden (circa 2 cm lang). Cheesecakes auf ein mit Backpapier ausgelegtes Backblech setzen und 10–12 Minuten backen. Mit Vanilleeis anrichten, mit frischer Minze und Mandelsplittern bestreuen.

Die frische und fruchtige Cheesecake-Füllung liebt als Begleiter einen saftigen Muskat Ottonel.

Panzanella mit Thunfisch und Anchovis

Chardonnay

...

Mediterrane Gemüse-Reis-Pfanne

Grüner Veltliner

...

Pfirsich-Mandel-Tarte

Riesling Spätlese

Panzanella

mit Thunfisch und Anchovis

Zubereitungszeit: 15 Minuten

4 Portionen

1 kleine rote Zwiebel
500 g bunte Kirschtomaten
250 g Bio-Thunfisch (Dose, natur)
4–5 Anchovis
2 EL Rotweinessig
6 EL Olivenöl
100 g altes Weißbrot (z. B. Ciabatta oder Baguette)
2 EL schwarze Oliven (ohne Kern, am besten Taggiasche)
frische Minze
frische Petersilie
Salz, Pfeffer aus der Mühle

Zwiebel schälen, halbieren und in feine Scheiben schneiden. Tomaten waschen und halbieren. Thunfisch abseihen. Anchovis grob hacken. Minze und Petersilie waschen, trocknen und grob hacken.

Tomaten und Zwiebel in eine Schüssel geben. Essig, Olivenöl, Salz und Pfeffer zu einem Dressing verrühren. Zu den Tomaten geben und gut untermischen.

Brot in 2 cm große Stücke zupfen. Sollte es zu hart sein, mit dem Messer in Stücke schneiden. Zu den Tomaten geben. Dann Thunfisch, Anchovis und Oliven zugeben und alles vermischen.

Zum Schluss mit Minze und Petersilie bestreuen, nochmals kosten und eventuell mit Salz und Pfeffer nachwürzen.

Würze und Mineralität auf beiden Seiten – sowohl beim Chardonnay als auch bei Thunfisch und Anchovis.

Mediterrane Gemüse-Reis-Pfanne

Zubereitungszeit: 30 Minuten

4 Portionen

300 g Mittelkornreis
650 ml Gemüsefond
1 kleine, rote Zwiebel
1 mittelgroße Zucchini
3 reife Tomaten
4 EL Olivenöl
1 Knoblauchzehe
geriebene Schale von 1 Bio-Zitrone

Tapenade

80 g schwarze Oliven (ohne Kern)
80 g grüne Oliven (ohne Kern)
1 TL kleine Kapern
1 EL Zitronensaft
50 ml Olivenöl

Zum Anrichten

frisches Basilikum
125 g Büffelmozzarella
Salz, Pfeffer aus der Mühle

Backofengrill auf 225 Grad vorheizen.

Reis waschen und in eine ofenfeste Pfanne geben. Mit dem Gemüsefond bedecken und eventuell nachsalzen. Bei mittlerer Hitze 12 Minuten köcheln lassen.

In der Zwischenzeit das Gemüse vorbereiten: Zwiebel schälen, in feine Ringe schneiden. Zucchini waschen, in dünne Scheiben schneiden. Tomaten waschen, in 5 mm dicke Scheiben schneiden.

4 EL Olivenöl mit der Zitronenschale verrühren, eine Knoblauchzehe hineinpressen, mit Salz und Pfeffer würzen und verrühren.

Reis vom Herd ziehen, das Gemüse darauf verteilen. Mit Salz und Pfeffer würzen, mit dem Zitronen-Knoblauch-Öl beträufeln. In den Ofen geben (oberste Schiene) und 15 Minuten garen. Der Reis sollte gegart und das Gemüse leicht gebräunt sein.

In der Zwischenzeit die Oliven mit den Kapern, dem Zitronensaft und dem Olivenöl in einem Mixer pürieren.

Pfanne aus dem Ofen nehmen, die Tapenade darauf verteilen, den Büffelmozzarella mit den Fingern zerreißen und mit frischen Basilikumblättern auf das Gemüse legen.

Grüner Veltliner Weinviertel DAC Reserve vereint Kräuternoten und Saftigkeit – toll zu Mediterranem wie dieser Gemüse-Reis-Pfanne.

Pfirsich-Mandel-Tarte

Zubereitungszeit: 1 ½ Stunden

1 Tarteform (ø 26 cm)

120 g Weizenmehl
120 g Vollkornmehl
50 g gemahlene Mandeln
60 g Zucker
1 Prise Salz
150 g kalte Butter, in Stücken
1 Ei

Füllung

500 g Pfirsiche (mit Stein gewogen)
3 Eier
300 g Magertopfen
200 g Frischkäse
30 g gemahlene Mandeln
Mark von 1 Vanilleschote
2 Tropfen Bittermandelaroma
Saft von 1 Bio-Zitrone
2 EL Maisstärke
70 g Staubzucker

Mandelkerne zum Verzieren
Hülsenfrüchte oder Blindbackperlen

Saftige Pfirsichnoten – mit einer lebendigen Riesling Spätlese ist das Harmonie pur.

Tarteform gut einfetten. Beide Mehlsorten, 50 g gemahlene Mandeln, Zucker und Salz mischen. Kalte Butter und Ei zugeben und zuerst mit den Knethaken des Handmixers, dann mit den Händen zügig zu einem glatten Teig verarbeiten. Den Teig auf einer leicht bemehlten Arbeitsfläche rund und etwas größer als die Tarteform ausrollen. Die Tarteform damit auskleiden, dabei einen Rand formen. Den Boden mehrmals mit einer Gabel einstechen und für mindestens eine halbe Stunde kühlstellen.

Backrohr auf 160 Grad (Ober- und Unterhitze) vorheizen. Backpapier auf den Mürbteigboden legen, Hülsenfrüchte zum Beschweren daraufgeben. Etwa 10 Minuten backen. Herausnehmen, Hülsenfrüchte und Papier entfernen und auskühlen lassen.

Inzwischen die Pfirsiche für circa 1 Minute mit heißem Wasser überbrühen. Haut entfernen und in kleine Stücke schneiden. Eier trennen. Topfen, Frischkäse, Eigelbe, 30 g gemahlene Mandeln, Vanillemark, Mandelaroma, Zitronensaft und Stärke verrühren. Eiweiß mit Staubzucker steifschlagen und unterheben.

Ein Drittel der Crème auf den Boden streichen, Pfirsichstücke darauf verteilen und mit der restlichen Crème bedecken. Die Mandelkerne darüberstreuen. Tarte im heißen Ofen circa 40 Minuten backen. Herausnehmen und auskühlen lassen. Vor dem Servieren mit etwas Staubzucker bestäuben.

Ajo blanco

Welschriesling

...

Tomaten-Galette mit Ziegenfrischkäse und Basilikumpesto

Rosé

...

Pavlova mit Beeren

Rosé

Vegetarisch

Ajo blanco

Kalte Mandelsuppe

Zubereitungszeit: 10 Minuten
+ 2 Stunden Kühlung

4 Portionen

150 g altes Weißbrot (oder Semmeln)
1 l kaltes Wasser
200 g Mandeln, blanchiert und geschält
2 Knoblauchzehen
100 ml Olivenöl
2 EL weißer Balsamessig
1 TL Salz

Etwas Zitronensaft und Olivenöl
zum Abschmecken

Zum Servieren

Frische Feigen
Knuspriges Weißbrot
Olivenöl zum Beträufeln

Weißbrot in Stücke schneiden, gemeinsam mit dem Wasser in einen Mixer geben. Einige Minuten ziehen lassen. Nun alle restlichen Zutaten (außer Zitronensaft und Olivenöl zum Abschmecken) zugeben und kräftig durchmixen. Falls die Suppe zu dick ist, noch etwas kaltes Wasser zugeben (sie dickt im Kühlschrank etwas ein). Nun umfüllen und 2–3 Stunden kaltstellen.

Zum Servieren mit Salz und Zitronensaft abschmecken. In tiefe Teller gießen, mit etwas Olivenöl beträufeln und mit knusprigem Weißbrot und frischen Feigen servieren.

Die Mandelsuppe ist ganz leicht, genauso wie ihr Partner, ein jugendlicher Welschriesling.

Tomaten-Galette

mit Ziegenfrischkäse und Basilikumpesto

Zubereitungszeit: 1 ½ Stunden

4 Portionen

250 g Mehl
150 g kalte Butter
4 EL kaltes Wasser
1 Ei
1 Prise Salz

Pesto

1 Bund frisches Basilikum
1 EL Pinienkerne
80 ml Olivenöl
50 g Parmesan
Schale und Saft von ½ Bio-Zitrone

750 g (bunte) Tomaten
2 Knoblauchzehen
Salz, Pfeffer aus der Mühle

Zum Anrichten

150 g Ziegenfrischkäse
1 EL Olivenöl
1 Dotter

Ein Gericht wie ein sommerlicher Abend – als Must-have dazu natürlich ein erfrischender Rosé.

Mehl und Salz in eine Schüssel sieben. Butter in Würfel schneiden und mit 4 EL sehr kaltem Wasser und dem Ei zur Mehlmischung geben. Mit einer Küchenmaschine oder per Hand rasch verkneten. Der Teig sollte eine glatte Oberfläche haben. In eine Folie wickeln und circa 30 Minuten kaltstellen.

In der Zwischenzeit den Ofen auf 200 Grad (Ober- und Unterhitze) vorheizen.

Alle Zutaten für das Basilikumpesto im Mixer zu einer feinen Paste pürieren, beiseitestellen.

Tomaten waschen, die großen Tomaten halbieren. Knoblauch schälen, fein hacken. Den Teig auf einem Stück Backpapier rund (circa 26 cm Ø) ausrollen. Mit dem Papier auf ein Backblech ziehen.

Teig mit zwei Drittel des Basilikumpestos bestreichen, dabei einen etwa 4 cm breiten Rand frei lassen. Tomaten darauf verteilen, mit Knoblauchwürfeln bestreuen und mit Salz und Pfeffer würzen. Teigrand über die Tomaten schlagen. Dotter verquirlen, den Rand damit bestreichen. Im heißen Ofen auf der untersten Schiene circa 30 Minuten backen.

Galette aus dem Ofen nehmen, leicht überkühlen lassen. Mit einem Löffel den Ziegenfrischkäse darauf verteilen und mit dem restlichen Basilikumpesto beträufeln. Zum Schluss noch ein paar Spritzer Olivenöl darübeträufeln.

Pavlova

mit Beeren

Zubereitungszeit: 2 Stunden
+ 8–12 Stunden Kühlung

4–6 Portionen

4 Eiklar

250 g Zucker

1 Prise Salz

1 TL Maisstärke

1 TL Weißweinessig

500 ml Schlagobers

500 g gemischte Beeren

1 EL Pistazien, geschält und gehackt

Backofen auf 110 Grad (Heißluft) vorheizen. Backblech mit Backpapier belegen, eine Schüssel mit 24 cm Durchmesser daraufsetzen und den Umfang mit einem Bleistift nachziehen. Backpapier umdrehen (Bleistiftkreis sollte sichtbar sein).

Eier zu steifem Schnee schlagen, dabei den Zucker und das Salz einrieseln lassen. Maisstärke darübersieben und mit dem Essig unterheben. Teig auf dem Backpapier zu einem Kreis verstreichen, muss nicht ordentlich sein, ein paar Kanten und Spitzen sind durchaus erwünscht. In der Mitte eine Mulde formen.

Auf mittlerer Schiene 90 Minuten lang trocknen lassen. Backofen ausschalten, Ofentür einen Spalt aufmachen und den Teig so komplett auskühlen lassen (ich mache das oft über Nacht).

Schlagobers steifschlagen, in die Mulde füllen, mit Beeren belegen und mit Pistazien bestreuen. Sofort servieren, das Schlagobers weicht mit der Zeit das Baiser auf.

Hier einfach ganz unkomliziert den Rosé, der zur Hauptspeise im Glas ist, weitertrinken.

Tipp: Man kann verschiedenstes Obst auf die Pavlova legen, ich habe sie am liebsten mit Beeren, aber Pfirsiche und/oder Kirschen passen auch sehr gut. Ebenso Mangowürfel mit Himbeeren. Im Sommer ist es herrlich, sie statt mit Obers mit Eis oder Frozen Yoghurt zu füllen.

Tipp für Fortgeschrittene: Ich habe sehr gerne den Kontrast von süß und salzig (daher auch gesalzene Pistazien). Sehr gut passt auch ein feines Gitter aus selbstgemachtem Karamell mit einem Hauch Fleur de Sel.

Herbst

Wenn der Schreck des Schulstarts überwunden ist, sich alles wieder in geregelten Bahnen bewegt, die Nächte länger und die Tage kühler werden, dann lege ich mein Melancholie-Mäntelchen um und ziehe mich zurück. Ich bin nicht der Wintertyp, so ganz und gar nicht, und die Vorstufe auf die kalte Zeit macht mich, gelinde gesagt, etwas unrund. Als Gegenmittel lade ich mir Gäste ein. Fröhliche Abende mit geschmorten Töpfen, schweren Rotweinen und guten Gesprächen wirken Wunder. Die Weißweine kaufe ich in dieser Jahreszeit gerne in der Südsteiermark. Mein persönlicher Mehrwert des Abhof-Kaufs liegt darin, dass ich als Draufgabe zu den erstklassigen Weinen einen Stimmungsaufheller bei jedem Blick aus dem Fenster bekomme. Mein Weg windet sich auf und ab durch die liebliche Hügellandschaft, vorbei an schwertragenden Rebstöcken und leuchtend roten Apfelbäumen, direkt zum Ziel meiner Mission: dem ersten Glas Muskateller, danach etwas Sauvignon und Morillon, zum Abschluss vielleicht noch einen Grauburgunder. Nicht erst, wenn der Kofferraum randvoll gefüllt ist, weiß ich, dass dieser Ausflug die richtige Entscheidung war.

Deko & Tipps

Womit man sich im Herbst spielen kann:
Kürbisse, gepresste Blätter, getrocknete Blumen und Kräuter, getrocknete Gräser, Kerzen, Kastanien, Nüsse, Polsterbezüge in Erdfarben, Naturmaterialien in Gelb und Orange, Mohnkapseln, Steingutvasen.

Step by Step

1. Steckschwamm oder einen kleinen Kübel mit Wasser in einen Korb stellen. Darin zuerst die unechten Dahlien arrangieren.

2. Nach und nach echte Hortensien zwischen die Dahlien stecken, sodass ein dichter Strauß entsteht.

3. Wenn der Blumenkorb fertig ist, fällt der Unterschied zwischen den echten und den Kunstblumen kaum noch auf.

Kürbisse gehören zum Herbst wie Erdbeeren zum Sommer. Ich mag sie als Deko auf meinem Tisch trotzdem lieber etwas unaufdringlicher. Zum Beispiel kleine Zierkürbisse, die im Supermarkt erhältlich sind und die ich als „Tischkärtchen“ verwende.

Am liebsten kombiniere ich unterschiedliche Vasen miteinander. Für den Herbsttisch verwende ich dazu noch große und kleine Apothekerfläschchen, die mit saisonalen Blumen, Schilf oder Gräsern jeden Tisch aufwerten.

Dekorative Sukkulenten wie die fette Henne sind ebenfalls tolle Eyecatcher. Mittlerweile findet sich auch schon eine Vielzahl verblüffend echt aussehender unechter Exemplare in den Geschäften. Einfach auf kleine Teller gelegt und fertig ist die unkomplizierte, aber sehr wirkungsvolle Deko.

Ein Klassiker sind leere Weinflaschen, die man zu Kerzenständern umfunktionieren kann. Dabei ist es gar nicht so wichtig, das Etikett perfekt abzulösen. Ein paar Rückstände bringen ungezwungenen Shabby Chic auf die Tafel.

Herbstblumen

Man mag es kaum glauben, aber auch im Herbst kann
man sich im Überfluss aus dem bedienen, was die Natur selbst an
schönen Dekorationen hergibt. Schilf und verschiedenste
Gräser findet man fast überall im Grünen und sie verleihen,
gepaart mit Dahlien, Hortensien, Astern oder
anderen Herbstblumen vom Markt, jeder Vase
etwas ganz Besonderes.

Dahlien | *Dahlia*

Hortensien | *Hydrangea*

Brombeeren | *Rubus*

Hagebutten | *Rosa canina*

Sedum | *Sedum*

Herbstmenüs

Waldorfsalat

Weißburgunder

...

Geschmortes Weißweinhuhn und
Kräuterreis mit Pinienkernen

Morillon Natural

...

Birnen-Frangipane-Tarte

Traminer Beerenauslese

Waldorfsalat

Zeit: 45 Minuten

4 Portionen

150 g Weintrauben (auf der Rispe, kernlos)
Schale und Saft von 1 Bio-Zitrone
Olivenöl
Salz, Pfeffer aus der Mühle
60 g Walnusskerne
1 TL Dijonsenf
250 ml Naturjoghurt
1 ganzer Bund Selleriestangen
2 knackige, saftige Äpfel (z. B. Cox Orange, Granny Smith, Braeburn)
1 Römersalat (oder 3 Salatherzen)

Backofen auf 180 Grad (Umluft) vorheizen. Die Trauben samt Rispen auf ein Backblech geben (Backpapier). Schale einer halben Bio-Zitrone darüberreiben, mit etwas Olivenöl beträufeln und mit Salz und Pfeffer würzen. Im Backofen 15 Minuten rösten. Danach die Walnusskerne zugeben, weitere 10 Minuten mitrösten. Die Trauben sollten weich und karamellisiert sein, die Walnüsse goldbraun.

In der Zwischenzeit das Dressing zubereiten

Senf und Joghurt in einer Schüssel gut verrühren. Saft der ganzen Bio-Zitrone auspressen, unterrühren, mit Salz und Pfeffer würzen.

Sellerie putzen, die Stangen in circa ½ cm breite Stücke schneiden. Äpfel vierteln, entkernen, in längliche, dünne Stifte schneiden. Beides zum Dressing geben. Salat waschen, trockenschleudern, in 1 cm breite Streifen schneiden. Ebenso zu den anderen Zutaten geben. Gut durchmischen. Die Hälfte der Walnüsse grob hacken und mit der Hälfte der karamellisierten Trauben untermischen. Auf einer Platte anrichten, mit den restlichen Walnüssen und den Trauben bestreuen.

Weißburgunder Südsteiermark DAC hat eine feine nussige Aromatik – perfekt zum Waldorfsalat.

Geschmortes Weißweinhuhn

Zubereitungszeit: 1 ½ Stunden

4 Portionen

2 EL Olivenöl
4 Hühnerkeulen
1 große, gelbe Zwiebel
1 Knoblauchknolle
4 Zweige Estragon
600 ml Weißwein
500 ml Hühnerfond
100 ml Schlagobers
2 EL frische Petersilie, fein gehackt
Salz, Pfeffer aus der Mühle

Backofen auf 200 Grad (Ober- und Unterhitze) vorheizen.

Knoblauchknolle in Zehen teilen, schälen. Zwiebel schälen, halbieren, in feine Scheiben schneiden. Estragonblätter grob hacken.

Öl in einem ofenfesten Schmortopf erhitzen. Hühnerkeulen rundum salzen und pfeffern, im Öl rundum anbraten, bis sie goldbraun sind. Aus dem Topf nehmen und beiseitestellen. Zwiebeln in das Öl geben, bei mittlerer Hitze circa 10 Minuten dünsten (sie sollen zusammenfallen und noch keine Farbe angenommen haben).

Knoblauchzehen, Huhn, Estragon, Weißwein und Hühnerfond in den Topf geben und zum Kochen bringen.

Zudecken und im Ofen 45 Minuten schmoren. Deckel entfernen, weitere 25 Minuten schmoren. Das Huhn sollte sehr weich sein. Ansonsten die Garzeit um 10 Minuten verlängern.

Das Huhn auf eine Servierplatte legen und warmhalten. Den Schmortopf auf den Herd stellen und die Sauce nochmals zum Kochen bringen. Weitere 7 Minuten einkochen lassen. Schlagobers zugeben, eventuell nachwürzen und Petersilie zugeben. Die Sauce über das Huhn gießen und servieren.

Die Steiermark ist die Wiege der Natural Wines – zum Weißweinhuhn einen Morillon Natural entkorken.

Kräuterreis
mit Pinienkernen

Zubereitungszeit: 25 Minuten

4 Beilagenportionen

300 g Langkornreis
1 mittelgroße Zwiebel
2 EL Butter
125 ml Weißwein
500 ml Hühnerfond
2 EL Pinienkerne
2 Lorbeerblätter
2 Gewürznelken
Salz
4 EL gemischte Kräuter, gehackt
(Petersilie, Dille, Thymian,...)

Backofen auf 180 Grad (Ober- und Unterhitze) vorheizen.

Reis in ein Sieb geben, waschen, bis die austretende Flüssigkeit klar und nicht mehr milchig ist. Zwiebel schälen, fein hacken. Butter in einem ofenfesten Topf zerlassen, Zwiebel darin glasig anschwitzen. Reis zugeben, gut untermischen und 1 Minute mitdünsten.

Mit dem Weißwein ablöschen, mit dem Hühnerfond aufgießen. Pinienkerne unterrühren, salzen, Lorbeerblätter und Nelken zugeben und zugedeckt im Backofen 16–18 Minuten fertiggaren.

Aus dem Ofen nehmen und gehackte Kräuter untermischen.

Birnen-Frangipane-Tarte

Zubereitungszeit: 1 Stunde

1 Tarte (ø 26 cm)

300 g Blätterteig
glattes Mehl für die Arbeitsfläche
1 Dotter
2 EL Wasser
3 reife Birnen

Sirup

50 g Feinkristallzucker
50 ml Wasser
1 Zimtstange
2 Sternanis
Saft von 1 Bio-Zitrone

Frangipane

75 g weiche Butter
75 g Staubzucker
1 Ei
75 g gemahlene Mandeln
2 EL glattes Mehl
Optional: 2 EL Amaretto

Staubzucker zum Bestreuen
Schlagobers zum Anrichten

Hier darf es ruhig blumig-süß sein, wie bei einer Traminer Vulkanland Steiermark DAC Beerenauslese.

Eine Arbeitsfläche mit Mehl bestreuen, Teig darauf ausbreiten und auf die Dicke von 2 mm auswalken. Einen Kreis von 26 cm Durchmesser aus dem Teig schneiden (am besten eine Springform darauflegen und sie als Schablone zum Ausschneiden verwenden), auf ein Backblech mit Backpapier legen. Dotter mit Wasser verrühren, die äußeren zwei Zentimeter des Teiges damit bestreichen. Teig kühlstellen.

Alle Zutaten für den Sirup in eine kleine Kasserolle geben, bei niedriger Temperatur unter Rühren so lange erhitzen, bis sich der Zucker aufgelöst hat. Hitze auf mittlere Stufe erhöhen und 10 Minuten lang simmern lassen, bis der Sirup leicht eingedickt ist. Beiseitestellen und leicht überkühlen lassen.

Für die Frangipane-Crème

Butter und Zucker in der Küchenmaschine cremig aufschlagen, das Ei zugeben und so lange mixen, bis es gut untergemischt ist. Gemahlene Mandeln und Mehl unterrühren. Zum Schluss den Amaretto zugeben und 5 Minuten lang rasten lassen.

Die Birnen schälen, längs halbieren, das Kerngehäuse entfernen, längs in circa 1 cm dicke Scheiben schneiden. In eine Schüssel geben und den Zuckersirup darübergießen. Für einige Minuten marinieren lassen. Backofen auf 180 Grad (Umluft) vorheizen.

Frangipane-Crème auf den Teig streichen, den glasierten Rand aussparen. Die Birnen aus dem Sirup nehmen, auf Küchenpapier abtropfen lassen. Birnen kreisförmig auf die Frangipane-Crème schichten. Die zwei Zentimeter ausgesparten Rand nun über die Birnen klappen, nochmals mit der Dotter-Wasser-Mischung bestreichen. 35–40 Minuten auf der mittleren Einschubleiste backen. Aus dem Ofen nehmen und etwas überkühlen lassen. Wenn man möchte, kann man die Birnen mit dem restlichen Sirup bestreichen.

Mit Staubzucker bestreuen, mit Schlagobers anrichten und am besten lauwarm essen.

Schinken-Rucola-Feuilleté

Welschriesling

• • •

Ungarischer Fischtopf mit Bohnen

Grauburgunder Orangewein

• • •

Bananenbrot mit Eiscrème und Nüssen

Morillon Beerenauslese

Schinken-Rucola-Feuilleté

Zubereitungszeit: 30 Minuten
+ 30 Minuten Kühlung

4 Portionen

2 Pkg. Blätterteig
100 g Rucola
60 g Dijonsenf
8 Scheiben Berger-Putenschinken
8 Scheiben Gruyère
1 großes Ei
1 EL Schlagobers

Mein BERGER Schinken

Ein Backblech mit Backpapier belegen. Eine Lage Blätterteig darauflegen. Rucola waschen, trocknen, verlesen.

Senf auf den Teig streichen, am Rand 1 cm freilassen. Dann den Schinken, Rucola und den Käse darauflegen. Rand mit Wasser bepinseln. Zweite Teigplatte darauflegen, Ränder zusammendrücken und umschlagen.

Mindestens 30 Minuten kühlstellen (kann bis zu 12 Stunden kaltgestellt werden, sollte dann aber mit Frischhaltefolie abgedeckt sein).

Backofen auf 200 Grad (Ober- und Unterhitze) vorheizen. Ei mit dem Schlagobers verquirlen, Feuilleté damit bestreichen. Den Teig mit einem kleinen Messer mehrmals einstechen. Etwa 20 Minuten backen, bis der Teig goldbraun ist. Leicht überkühlen lassen, dann in 3 cm große Quadrate schneiden.

Dazu: Frisch, jugendlich, steirisch – beispielsweise ein Welschriesling Südsteiermark DAC.

Ungarischer Fischtopf

mit Bohnen

Zubereitungszeit: 40 Minuten

4 Portionen

400 g Zanderfilet
1 Dose weiße Bohnen
4 Schalotten
2 Knoblauchzehen
80 g durchwachsener Speck
3 rote Paprikaschoten
2 EL Olivenöl
125 ml trockener Weißwein
500 ml Hühnerfond
125 ml Schlagobers
Schale von 1 Bio-Zitrone
1 TL Paprikapulver (edelsüß)
1 Msp. Chilipulver
3 Zweige Petersilie
2 EL Sauerrahm
Salz, Pfeffer aus der Mühle

Bohnen in ein Sieb geben und unter kaltem Wasser abspülen, bis man keinen Schaum mehr sieht.

Schalotten und Knoblauch schälen, klein würfelig schneiden. Speck in schmale Streifen schneiden. Paprikaschoten waschen, Kerngehäuse entfernen und das Fruchtfleisch in 1 cm große Stücke schneiden.

Olivenöl in einer Pfanne erhitzen, Speck darin circa 1 Minute braten. Nun Schalotten und Knoblauch zugeben, weitere 2 Minuten braten. Paprika untermischen, weitere 2 Minuten braten, dann mit Weißwein ablöschen. 2 Minuten einkochen lassen, dann den Hühnerfond zugeben und das ganze 5 Minuten dünsten. Obers und geriebene Zitronenschale zugeben, aufkochen lassen. Die Mischung mit dem Stabmixer pürieren und durch ein Sieb gießen. Mit Salz und Pfeffer würzen.

Bis zu diesem Schritt kann das Rezept perfekt vorbereitet werden, sogar bereits am Vortag. Kurz bevor man das Gericht servieren möchte, folgendermaßen fortfahren:

Fisch in mundgerechte Stücke schneiden, Paprikapulver mit Chilipulver und etwas Salz vermischen, Fisch damit würzen.

Bohnen in die vorbereitete Sauce geben, erhitzen. Fisch in die Sauce legen und garziehen lassen (das dauert nur wenige Minuten, exakte Garzeit hängt von der Größe der Fischstücke ab).

Mit Salz und Pfeffer nochmals abschmecken, Petersilie hacken und darüberstreuen. Mit Sauerrahmtupfen anrichten.

Grauburgunder eignet sich für den Ausbau als Orangewein; und er hält auch dem würzigsten Eintopf Stand.

Bananenbrot

mit Eiscrème und Nüssen

Zubereitungszeit: 1 Stunde

1 Kastenform (à 25 cm)

125 g Butter, zimmerwarm
2 Bio-Eier, groß
4 (über-)reife Bananen
2 EL Honig
2 EL Apfelsaft
250 g glattes Mehl
3 gehäufte EL Chocolate Chips
2 TL Backpulver
1 TL Zimt

Zum Servieren

Banane
Schlagobers
gehackte Haselnüsse

Backofen auf 180 Grad (Umluft) vorheizen. Kastenform mit Butter ausstreichen. Butter mit einem Mixer oder der Küchenmaschine cremig aufschlagen. Nach und nach die Eier zugeben und mitmixen. 3 Bananen mit einer Gabel zerdrücken, zur Mischung geben und mitmixen.

Honig, Apfelsaft, Backpulver und Zimt untermischen. Mixer beiseitestellen und händisch das Mehl und die Chocolate Chips unterheben.

Teig in der vorbereiteten Form verteilen, die vierte Banane in Stücke schneiden und auf der Masse verteilen, leicht hineindrücken.

40 Minuten im vorgeheizten Backofen auf der mittleren Schiene backen. Stäbchenprobe machen. Wenn kein Teig mehr daran klebt, ist das Bananenbrot fertig.

Leicht überkühlen lassen und mit Schlagobers, Bananenscheiben und gehackten Haselnüssen anrichten.

Meister in vielen Klassen – der Morillon. Als Beerenauslese matcht er charmant zum süßen Brot.

Gebratenes Karfiolschnitzel
mit Avocado-Schinken-Salat

Sauvignon Blanc

...

Thai-Curry mit Schweinefleisch

Morillon

...

Geschmorte Herbstfrüchte
mit gesalzener Butter

Schilcher Sturm

Gebratenes Karfiolschnitzel

mit Avocado-Schinken-Salat

Zubereitungszeit: 25 Minuten

4 Portionen

1 Karfiolkopf
3 Scheiben Berger-Backofen-Schinken (5 mm dick)
3 Stangen Sellerie
4 Tomaten
2 Frühlingszwiebeln
2 Avocados
Saft von 2 Bio-Zitronen
Olivenöl
Salz, Pfeffer aus der Mühle
Basilikum
Optional: Chili

Den Karfiol im Ganzen 3 Minuten in Salzwasser kochen. Kurz überkühlen lassen, dann in 1 cm dicke Scheiben schneiden. Olivenöl in einer großen Pfanne erwärmen. Karfiolscheiben darin anbraten.

Selleriestangen waschen und klein schneiden. Tomaten vierteln, entkernen und ebenfalls klein schneiden. Frühlingszwiebeln in feine Ringe hacken. Avocados entkernen und in Würfel schneiden. Schinken ebenfalls würfeln. Alles in einer Schüssel mit dem Zitronensaft und etwas Olivenöl vermischen, mit Salz und Pfeffer würzen.

Den Salat auf den Karfiolscheiben anrichten, mit Basilikum garnieren und, wenn man möchte, mit gehackten Chilischoten bestreuen.

Gereifter Sauvignon Blanc Südsteiermark DAC mit vegetabilem Charakter zum Gemüsegang.

Thai-Curry

mit Schweinefleisch

Zubereitungszeit: 45 Minuten
+ 1 Stunde Garzeit

4–6 Portionen

750 g Schweinefleisch (am besten aus der Schulter)
2 EL Limettensaft
2 EL Sojasauce
1 EL dunkles Sesamöl
1 EL Pflanzenöl

Currypaste

1 rote Chilischote
1 daumengroßes Stück Ingwer
2 Stängel Zitronengras
2 Schalotten
4 Knoblauchzehen
Schale von 1 Bio-Limette
1 Bund frischer Koriander
2 EL kaltes Wasser
1 Dose Kokosmilch

Zum Anrichten

Frische Korianderblätter
1 EL Kokosflocken
Basmatireis

Hier muss es der große Morillon sein – eine holzfassausgebaute, ausgewogene Variante ist perfekt.

Schweinefleisch in circa 2 cm große Würfel schneiden, in eine Schüssel geben. Limettensaft mit Sojasauce und Sesamöl verrühren und zum Fleisch geben. Alles gut durchmischen (ich mache das am liebsten mit den Händen) und mit Frischhaltefolie bedeckt im Kühlschrank marinieren lassen (mindestens 30 Minuten, maximal 2 Stunden).

Chilischote waschen. Wenn man es nicht zu scharf haben möchte, die Kerne entfernen. Chilischote in Stücke schneiden. Ingwer schälen, Zitronengras mit dem Messerrücken andrücken und die äußeren, trockenen Schichten entfernen. Die weichen Innenteile in Stücke schneiden. Schalotten schälen, halbieren. Knoblauchzehen schälen. Koriander waschen, trocknen.
Alle Zutaten für die Currypaste in einen Mixer geben und zu einer Paste pürieren (ich zupfe die Korianderblätter nicht ab, sondern verwende auch die Stiele – sie sind relativ weich und sehr aromatisch).

Currypaste in eine Pfanne geben und bei mittlerer Hitze 4–5 Minuten rösten, bis die Zutaten intensiv zu duften beginnen. Kokosmilch zugeben und einmal aufkochen lassen.

Schweinefleisch aus der Marinade heben, mit Küchenpapier abtupfen und in einer Pfanne in 1 EL Pflanzenöl rundum anbraten, bis es goldbraun gebraten ist. Die Schweinefleischstücke in die Currysauce geben und bei mittlerer Hitze 1 Stunde köcheln lassen.

In der Zwischenzeit die Kokosflocken ohne Öl in einer Pfanne goldbraun rösten. Korianderblätter für Deko abzupfen.

Zum Schluss kosten, eventuell mit Salz nachwürzen, mit Kokosflocken und Koriander garnieren und mit Basmatireis servieren.

Geschmorte Herbstfrüchte

mit gesalzener Butter

Zubereitungszeit: 20 Minuten

4 Portionen

6 Feigen

6 Zwetschken

3 Birnen

2 Handvoll kernlose Trauben

2 EL Rohrohrzucker

2 EL Zitronensaft

50 g gesalzene Butter in Flöckchen

Vanilleeis

1 EL Haselnüsse, geröstet und geschält

Butter für die Form

Backofen auf 200 Grad (Ober- und Unterhitze) vorheizen. Die Feigen und Trauben halbieren, Zwetschken halbieren und entkernen, Birnen vierteln, Kerngehäuse herausschneiden.

Auflaufform mit Butter ausstreichen, Obst in die Form schichten, mit Zitronensaft beträufeln und mit Zucker bestreuen. Die Butterflöckchen auf dem Obst verteilen und die Früchte 15 Minuten bei 200 Grad backen.

Wenn man das Dessert vorbereiten möchte, kann man es vor dem Backen beiseitestellen und erst kurz vor dem Servieren in den Ofen schieben.

Mit Vanilleeis anrichten und mit gehackten Haselnüssen bestreuen.

Herbstzeit ist Sturmzeit – herrlich als Begleitung zum Nachtisch macht sich fruchtiger Schilcher Sturm.

Warmer Erdäpfelsalat
mit Eier-Dressing (à la Gribiche)

Welschriesling

• • •

Pasta bolognese vom Wildschwein
mit Burrata

Zweigelt

• • •

Buttermilchkuchen mit Rieslingbirnen

Riesling Spätlese

Warmer Erdäpfelsalat

mit Eier-Dressing (à la Gribiche)

Zubereitungszeit: 30 Minuten

4 Portionen

700 g festkochende Erdäpfel (z. B. der Sorte Ditta oder Kipfler)
2 EL Olivenöl
Salz, Pfeffer aus der Mühle
30 g Parmesan, frisch gerieben

Gribiche-Dressing

6 Cornichons (kleine Essiggurken)
1 EL kleine Kapern
4 hart gekochte Eier
80 ml Olivenöl
3 EL Weißweinessig
1 EL körniger Senf
Salz, Pfeffer aus der Mühle
2 EL gehackte Kräuter (Petersilie, Kerbel, Dille…)

Backofen auf 220 Grad (Ober- und Unterhitze) vorheizen.

Erdäpfel waschen, mit der Schale halbieren (z. B. Kipfler, sie sind eine eher kleine Sorte) oder besonders große Exemplare vierteln. Auf ein mit Backpapier ausgelegtes Backblech legen und mit Olivenöl beträufeln, salzen und pfeffern. In den Ofen schieben (mittlere Einschubleiste) und 20–25 Minuten garen oder bis sie weich sind. Zwischendurch einmal wenden.

In der Zwischenzeit das Dressing zubereiten

Cornichons in kleine Würfel schneiden, Kapern abseihen, Eier schälen und grob hacken.

Cornichons mit Olivenöl, Essig, Kapern und Senf in einer kleinen Schüssel verrühren, mit Salz und Pfeffer würzen. Vorsichtig die Eier und die Kräuter untermischen. Kosten und eventuell nachwürzen.

Erdäpfel aus dem Ofen nehmen, die Hälfte des Parmesans darüberstreuen, nochmals für 1 Minute in den Ofen schieben, bis der Parmesan geschmolzen ist. Aus dem Ofen nehmen und durchmischen.

Auf vier Tellern anrichten, den restlichen Parmesan darauf verteilen und großzügig das Gribiche-Dressing darüberträufeln.

Welschriesling geht auch markant – als Riedenwein mit salziger Struktur ist er zur Vorspeise genau richtig.

Pasta bolognese

vom Wildschwein mit Burrata

Zubereitungszeit: 1 Stunde

4 Portionen

500 g Spaghetti
500 g Wildschweinfaschiertes
1 Zwiebel
2 Knoblauchzehen
3 EL Olivenöl
180 ml Weißwein
2 Dosen San-Marzano-Tomaten
5 sonnengetrocknete Tomaten
(in Olivenöl), gehackt
Salz, Pfeffer aus der Mühle
Eine Prise Zucker
1 Msp. Chiliflocken

200 g Kirschtomaten
2 Zucchini
2 EL Olivenöl
Schale von 1 Bio-Zitrone
2 EL schwarze, entkernte Oliven
2 Burrata (oder sonst Büffelmozzarella)
4 EL frisch geriebenen Parmesan
Eine Handvoll frische Basilikumblätter

Zwiebel und Knoblauch schälen, fein hacken. Olivenöl erhitzen, Zwiebel darin rundum glasig anschwitzen, Knoblauch zugeben und mitdünsten. Fleisch untermischen, rundum braten, mit Weißwein ablöschen. Kurz einkochen lassen, dann Dosentomaten, getrocknete Tomaten, Salz, Pfeffer, Zucker und Chili zugeben und mindestens 30 Minuten köcheln lassen.

Kurz vor dem Servieren die Kirschtomaten halbieren. Die Nudeln in reichlich Salzwasser al dente garen. Zucchini mit einem Sparschäler in feine Streifen schneiden. 1 Minute vor dem Garende die Zucchini zum Kochwasser geben, alles zusammen abseihen. Die Nudeln mit dem Olivenöl und der geriebenen Zitronenschale vermischen. Pasta auf vier Teller aufteilen, Sugo daraufgeben, die Kirschtomaten und Oliven darauf verteilen. Burrata in Stücke reißen und daraufgeben, mit Basilikum und Parmesan bestreuen.

Tipp: Die Sauce kann bereits am Vortag zubereitet werden.

In der Steiermark entstehen würzige Rotweine – zur wilden Pasta kommt steirischer Zweigelt ins Glas.

Buttermilchkuchen

mit Rieslingbirnen

Zubereitungszeit: 50 Minuten

1 Springform (ø 26 cm)

Kuchen

240 g glattes Mehl
1 EL Bio-Weinstein-Backpulver
½ TL Salz
120 g weiche Butter
80 g Staubzucker
80 g brauner Zucker
4 Dotter
geriebene Schale von 1 Bio-Zitrone
1 Msp. geriebene Vanille
200 ml Buttermilch

Rieslingbirnen

5 Birnen
1 Flasche Riesling
200 ml Wasser
120 g Zucker
1 Vanilleschote
4 cm Streifen Schale von 1 Bio-Orange
3 Sternanis

Vanille-Crème fraîche

200 g Crème fraîche
Mark von ½ Vanilleschote
50 g Staubzucker
Butter für die Form

Backofen auf 170 Grad (Umluft) vorheizen. Eine Springform (ø 26 cm) mit Butter ausstreichen, Backpapier zuschneiden und den Boden der Form damit belegen.

Mehl, Backpulver und Salz in eine Schüssel sieben. In einer weiteren Schüssel Butter mit Zucker cremig aufschlagen (Handmixer oder Küchenmaschine). Nach und nach unter Rühren die Dotter zugeben. Vanille und Zitronenzeste untermischen.

Bei niedriger Mixgeschwindigkeit abwechselnd Buttermilch und Mehlmischung unterrühren. In die vorbereitete Form füllen und 35 Minuten backen (Stäbchenprobe). Auf einem Gitter auskühlen lassen.

In der Zwischenzeit die Birnen schälen und vierteln, das Kerngehäuse herausschneiden. Vanilleschote längs aufschneiden und das Mark herausschaben. Riesling, Wasser, Zucker, Vanilleschote und Mark, Orangenschale und Sternanis in einer Pfanne zum Kochen bringen. Sobald sich der Zucker aufgelöst hat, die Birnen in die Flüssigkeit legen und bei mittlerer Hitze dünsten, bis sie weich sind (4–5 Minuten, je nach Größe).

Die Birnen aus der Pfanne heben, auf einen Teller legen. Sternanis, Vanilleschote und Orangenschale aus der Flüssigkeit nehmen, wegwerfen. Flüssigkeit nochmals zum Kochen bringen und einkochen lassen, bis sie sirupartig ist (circa 15 Minuten).

Crème fraîche mit Vanillemark und Zucker verrühren. Kuchen aus der Form stürzen, Backpapier abziehen. Den Kuchen mit den Birnen und Crème fraîche anrichten.

Das südsteirische Sausal ist die Heimat des Rieslings – eine Spätlese begleitet den Kuchen perfekt.

Kürbis-Kokos-Suppe

Muskateller

• • •

Kalbsstelzen aus dem Ofen

Bockbier

• • •

Apple Pie

Cider

Kalbsstelzen

aus dem Ofen

Zubereitungszeit: 4 Stunden
+ 12 Stunden Kühlung

6 Portionen

2 mittelgroße Kalbsstelzen
1 EL Thymianblättchen, frisch gerebelt
2 EL Rosmarinnadeln, frisch gerebelt
60 ml + 3 EL Olivenöl
Schale von 1 Bio-Zitrone
2 Lorbeerblätter
2 Flaschen- oder 1 Ochsenherztomate
(Sorte mit wenigen Kernen)
4 Knoblauchzehen
1 Stange Lauch (nur den weißen Teil)
3 Karotten
½ Sellerieknolle
1 Zwiebel
3 Stangen Sellerie
600 g kleine, festkochende Erdäpfel
125 ml trockener Weißwein
Salz, Pfeffer aus der Mühle

3 EL Butter
frisches Basilikum

Herzhaft und mit viel Bodenhaftung; was ginge besser zur Stelze, als ein kräftiges Bockbier.

Kalbsstelzen am Vortag marinieren: Sehnen und Häute entfernen (oder man bittet bereits den Fleischhauer, dies zu übernehmen). Thymian, Rosmarin, 60 ml Olivenöl und Zitronenschale vermischen. Lorbeerblätter in Stücke brechen und untermischen. Stelzen mit dem Öl einreiben (am besten mit den Händen) und im Kühlschrank über Nacht zugedeckt marinieren lassen.

Am nächsten Tag

Backofen auf 150 Grad (Ober- und Unterhitze) vorheizen. 3 EL Olivenöl in einem großen, ofenfesten Bräter oder einer Pfanne erhitzen.
Die Stelzen aus der Marinade heben, salzen und pfeffern, im Öl rundum anbraten. Stelzen in den Backofen schieben, 2 ½ Stunden braten.

In der Zwischenzeit die Tomaten waschen, in kleine Würfel schneiden. Knoblauch schälen, fein hacken. Lauch waschen, darauf achten, dass kein Sand zwischen den einzelnen Schichten versteckt ist, in Ringe schneiden. Karotten, Knollensellerie und Zwiebel schälen, in Würfel schneiden. Stangensellerie waschen, in Scheiben schneiden. Erdäpfel waschen, längs halbieren.

Nach 2 ½ Stunden Garzeit das vorbereitete Gemüse bis auf die Tomaten zugeben. Wieder in den Ofen schieben, ½ Stunde weiterbraten.

Danach die Tomaten und den Weißwein zugeben, alles durchrühren und die Ofentemperatur auf 200 Grad erhöhen. Weitere 30 Minuten schmoren lassen. Das Fleisch dazwischen einmal wenden.

Basilikum hacken. Butter in einer kleinen Pfanne aufschäumen lassen und das Basilikum darin kurz braten. Die Stelzen aus dem Ofen nehmen, mit der Basilikumbutter beträufeln, in Alufolie wickeln und 20 Minuten rasten lassen.

Gemüse und Bratensaft mit Salz und Pfeffer würzen, und mit den Stelzen anrichten.

Apple Pie

Zubereitungszeit: 1 Stunde
+ 30 Minuten Kühlung

1 Tarteform (ø 26 cm)

4–5 saure Äpfel
80 g Feinkristallzucker
100 g brauner Zucker
3 EL glattes Mehl (30 g)
1 TL Zimt
1 TL geriebener Ingwer
¼ TL geriebene Muskatnuss
1 EL Zitronensaft
2 Pkg. süßer Mürbteig
1 EL Butter
1 Ei
Kristallzucker zum Bestreuen

Butter für die Form

Backofen auf 190 Grad (Umluft) vorheizen. Äpfel schälen, Kerngehäuse entfernen, achteln. Feinkristallzucker, braunen Zucker, Mehl, Zimt, Ingwer und Muskatnuss in einer kleinen Schüssel vermischen. Äpfel mit Zitronensaft beträufeln, Zucker-Mischung zugeben, gut durchmischen, sodass alle Äpfel damit ummantelt sind.

Tarteform mit Butter bestreichen. Eine Packung Teig in die Form legen, Ränder überlappen lassen. Gut in die Einbuchtungen drücken. Apfelfülle in die Form geben, 1 EL Butter in Flöckchen darauf verteilen. Ei verquirlen, Rand damit bestreichen. Zweite Teigpackung darauflegen, Ränder zusammendrücken und den überlappenden Teig abschneiden.

Deckel 4–5 Mal mit einem scharfen Messer einschneiden. Restliches Ei auf den Teigdeckel streichen, mit Zucker bestreuen. Mit Alufolie bedecken und 25 Minuten im vorgeheizten Backofen backen. Folie entfernen und weitere 20 Minuten backen.

Entweder kalt servieren oder warm, dafür sollte der Pie aber zumindest 30 Minuten überkühlen.

Dazu passt Schlagobers oder Vanilleeis.

Die Weststeiermark ist bekannt für ihre Apfelgärten, ein Cider zum Pie ist ein echter Geheimtipp.

Schinken-Schwammerl-Quiche

Grauburgunder

...

Rehragout mit Pilzen

Blaufränkisch

...

Schokotarte mit Vanilleobers

Whiskey

Schinken-Schwammerl-Quiche

Zubereitungszeit: 1 ½ Stunden

1 Quicheform (ø 23 cm)

Mürbteig

180 g glattes Mehl
100 g kalte Butter
60 ml kaltes Wasser
Salz

Füllung

1 EL Butter
220 g Champignons
200 g Berger-Kürbiskern-Schinken
4 große Eier
150 ml Schlagobers
100 ml Milch
100 g Gruyère, gerieben
2 EL frische Petersilie, gehackt
Salz, Pfeffer aus der Mühle

Butter für die Form
Hülsenfrüchte oder Blindbackerbsen

Butter in Stücke schneiden. Mit Mehl, Wasser und dem Salz in der Küchenmaschine oder mit dem Handmixer so lange verrühren, bis erbsengroße Klümpchen entstehen. Auf eine bemehlte Arbeitsfläche oder Backunterlage geben und kurz durchkneten, sodass ein glatter Teig entsteht. Auf einen Teller legen, mit Frischhaltefolie bedecken und circa 30 Minuten im Kühlschrank rasten lassen.

Alternative: Man kann auch einen fertigen Mürbteig (Achtung: nicht für Süßspeisen, also ohne Zucker) verwenden.

In der Zwischenzeit die Fülle vorbereiten

Champignons putzen, in circa ½ cm dicke Scheiben schneiden. Kürbiskern-Schinken würfeln. Butter in der Pfanne zerlassen, Champignons darin so lange braten, bis das ausgetretene Wasser der Pilze verdampft ist. Die Champignons beiseitestellen und die Schinkenwürfel in der gleichen Pfanne anbraten.

Den Backofen auf 180 Grad (Heißluft) vorheizen.

Teig auf der Backunterlage oder der bemehlten Arbeitsfläche mit dem Nudelholz dünn ausrollen. Eine Quicheform mit Butter ausstreichen, den Teig in die Form legen, die Ränder andrücken und mit dem Nudelholz über die Form rollen, sodass der überschüssige Teig vom Rand der Quicheform abgetrennt wird. Teig mit Backpapier, dann mit Hülsenfrüchten oder Blindbackerbsen belegen, im Backofen 16 Minuten backen.

Inzwischen Obers, Milch, Champignons, Käse, Eier, Petersilie und Schinken in einer Schüssel verrühren, mit Salz und Pfeffer würzen.

Teig aus dem Ofen nehmen. Die Hülsenfrüchte oder Blindbackerbsen mit dem Backpapier entfernen und die Fülle in die Quicheform gießen. Die Quiche 20 Minuten fertigbacken.

Mein BERGER Schinken

Schwammerl lieben Burgunder; zur Quiche funktioniert ein frischer Grauburgunder Vulkanland Steiermark DAC.

Tipp: Die Quiche kann bis zu 4 Stunden vorbereitet und ungebacken kühlgestellt werden. Der Teig hält im rohen Zustand 2 Tage im Kühlschrank.

Rehragout

mit Pilzen

Zubereitungszeit: 1 ½ Stunden

4 Portionen

1 kg Rehschlögel (ausgelöst)
200 g Wurzelgemüse (Sellerie, Gelbe Rübe, Petersilwurzel)
1 Zwiebel
200 g Eierschwammerl
200 g Steinpilze
1 EL Paradeismark
100 ml roter Portwein
200 ml Rotwein
1 TL Senf
600 ml Wildfond
1 EL Butter
1 EL frische Petersilie, gehackt
Salz, Pfeffer aus der Mühle
Essig
Pflanzenöl

Wurzelgemüse und Zwiebel schälen und grob würfelig schneiden. Pilze putzen, halbieren oder in dicke Scheiben schneiden.

Fleisch in 3–4 cm große Würfel schneiden, in Öl scharf anbraten, herausnehmen. Im Bratrückstand Wurzelgemüse anbraten. Fleisch wieder zugeben, Paradeismark einrühren und kurz mitrösten. Mit Portwein und Rotwein ablöschen, mit Salz, Pfeffer und 1 TL Senf würzen, mit Fond aufgießen. Bei mäßiger Hitze circa 40 Minuten dünsten.

Pilze in Butter bei starker Hitze anbraten. Zum Ragout geben und weitere 10 Minuten dünsten. Ragout mit einem Spritzer Essig abschmecken, zuletzt die Petersilie untermengen.

Dazu passen am besten Schupfnudeln, Spätzle oder Serviettenknödel.

Tipp: Falls sich die Sauce zu stark einkocht, noch mit etwas Wasser aufgießen und ein paar Minuten weiterköcheln lassen.

NÖ JAGDVERBAND

Eine noch fast unentdeckte Region für Blaufränkisch; im Sausal entstehen Prachtexemplare – perfekt zum Wild.

Schokotarte

mit Vanilleobers

Zubereitungszeit: 1 Stunde

1 Springform (ø 26 cm)

6 Eier
200 g Feinkristallzucker
250 g weiche Butter
250 g dunkle Schokolade (70 % Kakaogehalt)

Butter für die Form
Staubzucker zum Bestreuen

200 ml Schlagobers
3 Pkg. Vanillezucker

Backofen auf 170 Grad (Umluft) vorheizen.

Eine hitzebeständige Schüssel über einen Topf mit Wasser geben. Wasser erhitzen, Schokolade in die Schüssel brechen. Die Schokolade schmelzen, dann leicht überkühlen lassen.

Währenddessen eine Springform (ø 26 cm) mit Butter ausstreichen, Backpapier zuschneiden und den Boden der Form mit dem Backpapier belegen.

Eier in Dotter und Eiklar trennen. Eiklar zu Schnee schlagen. Butter mit Zucker cremig aufschlagen, Dotter nach und nach zugeben. Überkühlte Schokolade zugeben und untermischen. Zum Schluss noch den Eischnee unterheben.

Masse in die vorbereitete Form füllen, im vorgeheizten Backofen 25 Minuten backen. Aus dem Ofen nehmen, 10 Minuten auskühlen lassen (sie sollte noch warm, aber nicht mehr heiß sein).

Schlagobers steifschlagen, dabei nach und nach den Vanillezucker einrieseln lassen. Tarte mit Staubzucker bestreuen, Vanille-Obers zur warmen Schokotarte servieren. Dazu passen am besten frische Kirschen.

Unbedingt ausprobieren: Vanille, Schokolade und Röstaromen – Tarte und steirischer Whiskey haben idente Aromen.

Schinkenmousse mit Kren

Morillon

• • •

Chili con Carne vom Wildschwein

Cuvée

• • •

Cheesecake mit Thymian und Honig

Burgundersekt

Schinkenmousse

mit Kren

Zubereitungszeit: 10 Minuten
+ 4 Stunden Kühlung

4 Portionen

250 g Berger-Colorado-Schinken
250 g Sauerrahm
5 Blatt Gelatine
2 EL Kren
125 ml Schlagobers
Salz, Pfeffer aus der Mühle

Schinken klein schneiden und gemeinsam mit dem Sauerrahm mit dem Stabmixer pürieren. Gelatine einweichen. 2 EL Wasser erhitzen, Gelatine darin auflösen, zur Masse geben und alles gut durchmischen. Mit Kren, Salz und Pfeffer würzen. Obers steifschlagen, unterheben. In Förmchen geben und mindestens 4 Stunden kühlstellen.

Am besten mit einem Salat aus Radieschen, Frühlingskräutern und Blattsalaten sowie frischem Weißbrot oder dünnen Scheiben sehr kross geröstetem Schwarzbrot servieren.

Viel Frische und Burgundercharakter finden sich im Morillon Weststeiermark DAC – genial zum Mousse.

Chili con Carne

vom Wildschwein

Zubereitungszeit: 50 Minuten

4–6 Portionen

500 g faschiertes Wildschwein
1 große Zwiebel
2 Knoblauchzehen
1 milde, rote Chilischote
2–3 Zweige frischer Thymian
3 frische Paradeiser
Olivenöl
½ TL Kreuzkümmel
2 TL Paprikapulver (edelsüß)
400 g gestückelte Paradeiser
(Flasche oder Dose)
250 ml Gemüse- oder Rinderfond
3 EL Tomatenmark
1 Zimtstange
1 Lorbeerblatt
1 Dose Kidneybohnen (Abtropfgewicht: 400 g)
1 Dose Maiskörner (Abtropfgewicht: 400 g)
Salz, Pfeffer aus der Mühle

Zum Anrichten

Sauerrahm
Fladenbrot

Zwiebel und Knoblauch schälen, fein hacken. Chili entkernen und klein schneiden. Thymian abrebeln. Paradeiser waschen, in circa 1 cm große Würfel schneiden. Bohnen und Mais abseihen und solange mit kaltem Wasser spülen, bis sich kein Schaum mehr bildet.

Zwiebel, Knoblauch und Thymian in einer Pfanne in etwas Olivenöl bei mittlerer Hitze glasig anschwitzen. Kreuzkümmel, Paprikapulver und die Chilischote zugeben, mitrösten.

In einer separaten, etwas höheren Pfanne (oder einem Topf) das faschierte Wildschwein in Olivenöl rundum anbraten, es sollte krümelig sein. Nun die Zwiebelmischung zum Fleisch geben, gut durchmischen. Die frischen und stückeligen Paradeiser zugeben, circa 5 Minuten einkochen lassen.

Den Fond und das Tomatenmark untermischen, Zimtrinde und Lorbeerblatt zugeben. Weiter köcheln lassen. Sobald die Sauce sämig ist, die Bohnen und den Mais untermischen, nochmals circa 10 Minuten köcheln lassen. Salzen und pfeffern, mit Sauerrahm und Fladenbrot anrichten.

NÖ JAGDVERBAND

Im Vulkanland Steiermark steigt die Rotweinkompetenz – eine kraftvolle Cuvée ist zum Chili perfekt.

Cheesecake

mit Thymian und Honig

Zubereitungszeit: 20 Minuten
+ 2 Stunden Kühlung

1 Springform (ø 24 cm)

- 500 g griechisches Joghurt
- 12 Haferkekse
- 60 g Butter
- 2 EL frische Thymianblätter
- 3 EL flüssiger Honig
- 400 g Frischkäse, natur
- 60 g Staubzucker
- Schale und Saft von 1 Bio-Zitrone
- 150 g weiße Schokolade
- Butter für die Form

Eine Springform (ø 24 cm) mit Butter bestreichen und mit Backpapier auslegen (Backpapier zuvor zuschneiden).

Ein Sieb mit einem Küchentuch auslegen, über eine Schüssel legen. Joghurt in das Tuch schütten, das Tuch an den Enden zusammennehmen und so viel Flüssigkeit wie möglich aus dem Joghurt pressen. Flüssigkeit wegschütten, Joghurt beiseitestellen.

Die Kekse in ein Tiefkühlsackerl geben, und mit einem Fleischklopfer oder dem Teigwalker zerkleinern, in eine Schüssel geben. Butter zerlassen, mit 1 EL vom Thymian zu den Keksbröseln geben und gut vermischen. In die vorbereitete Springform füllen, gleichmäßig verteilen und mit den Fingern bis zum Rand festdrücken.

Etwas Wasser in einem kleinen Topf erhitzen, darauf eine hitzebeständige Schüssel setzen (der Boden der Schüssel sollte das Wasser nicht berühren) und darin die weiße Schokolade schmelzen (Wasserbad). Beiseitestellen.

Frischkäse, ausgedrücktes Joghurt, Zucker, Zitronensaft und -schale mit einem Handmixer verrühren. Geschmolzene Schokolade untermischen.

Nun die Frischkäsemasse gleichmäßig auf dem Keksboden in der Springform verteilen. Mindestens 2 Stunden, am besten über Nacht, kaltstellen.

Wenn man bereit ist, den Cheesecake zu servieren, den Honig in einer kleinen Pfanne langsam erhitzen, den restlichen Thymian zugeben und alles über den Cheesecake träufeln. Cheesecake aus der Form lösen. Am besten servieren, wenn der Honig noch warm ist.

Burgundersekt ist zum Klassiker der Region geworden; er ist fein würzig und belebt das Dessert.

Karamellisierte Zwiebelsuppe

Grauburgunder

• • •

Schmorbraten mit Rotwein

Cuvée

• • •

Tiramisu mit Kirschen und Ricotta

Espresso

Karamellisierte Zwiebelsuppe

Zubereitungszeit: 1 Stunde

4 Portionen

1 kg Zwiebeln
2 EL Olivenöl
1 EL weißer Balsamico-Essig
2 EL Feinkristallzucker
1 l Milch
1 Knoblauchknolle
2 Lorbeerblätter
125 ml Schlagobers
frischer Thymian
Salz, Pfeffer aus der Mühle

Zwiebeln schälen, vierteln. Backofen auf 200 Grad (Ober- und Unterhitze) vorheizen. Zwiebelviertel in eine Schüssel geben, Öl, Balsamico, Salz und Zucker verrühren, über die Zwiebeln geben und gut durchmischen. Auf ein Backblech (mit Backpapier belegt) verteilen, mit Alufolie bedecken und 50 Minuten backen. Die Zwiebeln sollten sehr weich sein. Etwas überkühlen lassen.

Während die Zwiebeln im Ofen garen, die Milch in einen Topf gießen. Die äußerste Schalenschicht des Knoblauchs entfernen, Knolle quer durchschneiden, gemeinsam mit den Lorbeerblättern in die Milch geben. Zum Kochen bringen, Hitze reduzieren, 5 Minuten sanft köcheln lassen.

Zwiebeln in einen Mixer geben, Knoblauch und Lorbeerblätter aus der Milch entfernen. Die Hälfte der Milch in den Mixer zu den Zwiebeln geben und glattmixen. In den Topf zur restlichen Milch gießen, Schlagobers zugeben und bei mittlerer Hitze nochmals erwärmen. Mit Salz und Pfeffer würzen und mit frischen Thymianblättchen bestreut servieren.

Tipp: Dazu passen knusprig frittierte Zwiebeln, am besten natürlich selbst gemacht, aber auch die gekauften erfüllen ihren Zweck.

Reifer Grauburgunder hat eine runde Säure, zu karamellisierten Zwiebeln geht das sensationell.

Schmorbraten

mit Rotwein

Zubereitungszeit: 40 Minuten
+ 2 ½ Stunden Garzeit

4–6 Portionen

1 kg Rindfleisch zum Schmoren (z. B. Mageres Meisl, Schulterscherzel)
3 EL Mehl
4 EL Olivenöl
2 Zwiebeln
2 Stangen Sellerie
5 Knoblauchzehen
5 Karotten
800 g festkochende, kleine Erdäpfel
2 Lorbeerblätter
2 Zweige Rosmarin
250 ml trockener Rotwein (z. B. Blaufränkisch)
500 ml Rinderfond
1 EL Tomatenmark
1 EL Worcesterhiresauce
Salz, Pfeffer aus der Mühle

Schmorbraten braucht einen wirklich dichten Rotwein. Am besten eine tanninbetonte Cuvée.

Backofen auf 160 Grad (Ober- und Unterhitze) vorheizen.

Zwiebeln schälen, halbieren, in feine Scheiben schneiden. Sellerie waschen, putzen, in 5 mm breite Scheiben schneiden. Knoblauchzehen schälen, pressen. Karotten schälen, in 2 cm breite Stücke schneiden. Erdäpfel schälen, in circa 3 cm große Stücke schneiden.

Rindfleisch rundum salzen und pfeffern, mit Mehl bestäuben. Die Hälfte des Öls in einer ofenfesten, tiefen Pfanne oder in einem Schmortopf erhitzen. Fleisch darin rundum anbraten, es sollte gut gebräunt sein. Aus dem Topf heben und auf einem Teller beiseitestellen.

Das restliche Öl in den Topf geben, die Zwiebeln und den Sellerie darin 5–6 Minuten dünsten, die Zwiebeln sollten weich sein. Knoblauch, Lorbeerblätter, Rosmarin und Rotwein zugeben, aufkochen lassen. Salzen und pfeffern.

Nun den Rinderfond, das Tomatenmark und die Worcestershiresauce zugeben, das Fleisch zurück in den Topf legen und darauf achten, dass es gut mit Sauce bedeckt ist. Zum Kochen bringen, zudecken und in den vorgeheizten Ofen stellen.

Nach einer Stunde Garzeit das Fleisch wenden. Eine weitere Stunde schmoren, dann die Karotten und Erdäpfel zugeben. Weitere 30 Minuten schmoren, die Erdäpfel und Karotten sollten weich sein, ansonsten Garzeit entsprechend verlängern (hängt von der Größe der Stücke ab).

Großzügige Scheiben des Fleischs in Schüsseln anrichten, Sauce und Gemüse darauflegen und mit knusprigem Weißbrot und Salat essen.

Tiramisu

mit Kirschen und Ricotta

Zubereitungszeit: 40 Minuten
+ 2 Stunden Kühlung

12 Portionen

100 g dunkle Schokolade (70 % Kakaogehalt)
200 ml Schlagobers
1 Prise Salz

500 g Ricotta
250 g Mascarpone
1 Msp. gemahlene Vanille
3 EL Honig
100 g (Dinkel-)Biskotten
150 ml Espresso
50 ml Süßwein (z. B. Trockenbeerenauslesen, Ausbruch, Vin Santo, süßer Sherry...)
200 g abgeseihte Kirschen (Kirschkompott ohne Kerne)

Schokolade in Stücke brechen. In einer kleinen Pfanne das Schlagobers zum Kochen bringen, Schokolade und eine Prise Salz zugeben und so lange rühren, bis die Schokolade geschmolzen ist. Beiseitestellen und auskühlen lassen.

Ricotta, Mascarpone, Vanille und Honig mit einem Handmixer glattrühren.

Biskotten in eine Form (20 x 30 cm) schichten. Den Espresso mit dem Süßwein vermischen und über die Biskotten träufeln. Nun die Schokoladensauce daraufgießen. Abgeseihte Kirschen auf der Schokoladensauce verteilen.

Ricotta-Mascarpone-Mischung auf die Kirschen geben, glattstreichen. Mindestens 2 Stunden im Kühlschrank setzen lassen.

Schokolade in grobe Späne reiben, auf dem fertigen Tiramisu verteilen und servieren.

Zusammen mit einem klassischen Espresso ist das Tiramisu eine fruchtbetonte Kombination, die uns einen Schritt näher Richtung Süden bringt.

Winter

Ich bin wirklich kein Winter-Typ. Sobald die Temperaturen sinken, verhält sich meine Stimmung direkt proportional dazu. Ja gut, zu Weihnachten riskiere ich ein Auge aus dem schwarzen Loch, esse Kekse, schmücke den Christbaum, spiele Weihnachtslieder in Endlosschleife und schaue dem Schnee beim Fallen zu. Aber danach finde ich es wieder weniger lustig. Was hilft, sind reichhaltige Eintöpfe und kräftige Weine. Im besten Fall vereint in Topf und Glas. So ein weich geschmorter Rindfleischtopf, bei dem die zarte Süße der Zwiebeln und Karotten auf den befriedigenden Tiefgang eines Blaufränkisch stößt, hat mir schon so manchen Winterabend gerettet. Und nachdem ich Freud und Leid gerne teile, lade ich mit Begeisterung Freunde ein, denen es genauso geht. Am Leithaberg finde ich den passenden Wein dafür, nur keine Experimente, wir bewegen uns auf dünnem Eis, Winzer wie Kollwentz, Prieler, Triebaumer, Braunstein, Heinrich, Tinhof, Schröck und Nittnaus versprechen nichts, was ihre Weine nicht halten können und dafür bin ich sehr dankbar. So lässt sich der Winter aushalten, zumindest, solange der Vorrat reicht.

Deko & Tipps

Womit man sich im Winter spielen kann:
Tannen- bzw. Pinienzapfen, Reisig, Mandarinen, Orangen, Äste mit oder ohne roten Beeren, Windlichter, selbst gebackene Kekse, Zimtstangen, Sternanis, Nelken, Juteschnur, Kunstfelle in Weiß- oder Brauntönen, Laternen, weiße Kerzen.

Detail Hack Anleitung

1. Maschendraht (günstig im Baumarkt erhältlich) in der richtigen Größe für die vorbereitete Vase zuschneiden.

2. Dann den Draht zu einer Halbkugel formen und in die Vase geben. So spart man sich einen weniger umweltfreundlichen Steckschwamm.

3. Nach und nach die Blumen im Draht arrangieren. Dank des Maschendrahtes muss man nicht so viele verwenden, damit sie in der Vase gut fixiert sind und ein fülliges Bild ergeben.

Damit der Tisch nicht allzu einheitlich aussieht, kombiniere ich gerne unterschiedliche Kerzenleuchter und Kerzen verschiedener Größe miteinander. Wichtig ist hierbei nur, dass die Farben zueinanderpassen. Kieferzapfen lassen sich ebenfalls sehr gut zu Kerzenhaltern umfunktionieren.

Auch im Winter kann man für den Tisch einiges aus der Natur sammeln. Kiefer- oder Tannenzapfen zum Beispiel. Am besten beginnt man schon im Herbst, die schönsten Exemplare vom Spaziergang mitzunehmen. Das Gute daran: Diese Deko kann den ganzen Herbst und Winter stehenbleiben. In einer Glasglocke sieht das Ganze noch etwas aufgeräumter aus.

Die Zusammenstellung verschiedener Gläser deckt auch schon den Tisch. So muss man sich gar nicht allzu viel Drumherum überlegen. Wenn ich nur wenige Gäste habe, benutze ich häufig edle Champagnerschalen.

Damit die Stoffserviette nicht immer auf herkömmliche Weise gefaltet ist, benutze ich gerne ein schönes, farblich passendes Band, um sie zusammenzubinden. Man hält die Spitze der Serviette und zieht das Band dann einfach in der Mitte zusammen.

Winterblumen

Es ist gar nicht so wenig, was der Winter an schönen Blumen hergibt. Egal, ob es sich dabei um dekorative Topfpflanzen oder schöne Schnittblumen handelt. Amaryllis, Hyazinthen oder Schneerosen kann man im Topf kaufen oder selbst aus Zwiebeln ziehen, Nelken sind das ganze Jahr über erhältlich und bieten sich als lang anhaltende Blumendekoration in der kalten Jahreszeit an. Meine Lieblingsblume zu dieser Zeit ist die Anemone, die in Weiß oder Rot erhältlich ist. Verschiedene Zweige mit roten Beeren frischen winterliche Sträuße gut auf.

Schneeglöckchen | *Galanthus*

Schneerosen | *Helleborus*

Windröschen | *Anemone*

Hyazinthen | *Hyacinthus*

Nelken | *Dianthus*

Stechpalmen | *Ilex*

Amaryllis | *Amaryllis*

Wintermenüs

Süßkartoffel-Kokos-Suppe

Neuburger

• • •

Schweinsbraten

Märzen

• • •

Schokolade-Cookies mit Karamellkern

Chardonnay Beerenauslese

Süßkartoffel-Kokos-Suppe

Zubereitungszeit: 40 Minuten

4 Portionen

1 mittelgroße Zwiebel
600 g Süßkartoffeln
2 cm frischer Ingwer
2 Knoblauchzehen
2 EL Erdnussöl
400 ml Kokosmilch
800 ml Gemüsefond
Saft von 1 Bio-Zitrone
1 Prise Kardamom
Salz, Pfeffer aus der Mühle

100 g frischer Baby-Blattspinat
2 eingelegte Paprikaschoten (enthäutet, in Öl)
1 EL Erdnussöl
1 TL Koriandersamen
1 getrocknete Chilischote

Fladenbrot

Zwiebel schälen, fein hacken. Südkartoffeln schälen, in circa 2 cm große Würfel schneiden. Ingwer schälen, fein reiben. Knoblauch schälen und pressen.

Erdnussöl bei mittlerer Temperatur in einem Topf erhitzen. Zwiebel zugeben und etwa 5 Minuten dünsten. Süßkartoffel, Ingwer, Knoblauch und eine Prise Kardamom zugeben, 2 Minuten unter Rühren rösten, dann die Kokosmilch zugießen.

Aufkochen lassen, dann den Gemüsefond zugeben. Leicht salzen, zudecken und 15 Minuten auf kleiner Flamme köcheln lassen.

Suppe mit einem Pürierstab oder im Mixer kräftig durchmixen. Mit Salz, Pfeffer und etwas Zitronensaft würzen.

Einlage

Spinat putzen, waschen, trockenschleudern. Paprikaschoten trockentupfen, in Streifen schneiden.

Öl in einer Pfanne erhitzen. Koriandersamen im Mörser leicht andrücken. Koriander und Chili in die Pfanne geben, 1 Minute braten, es sollte zu duften beginnen.

Spinat zugeben, zusammenfallen lassen. Paprika untermischen.

Die Suppe in Tellern anrichten und die Einlage darin verteilen. Wenn man möchte, mit Fladenbrot essen.

Eine Suppe voll rundem Charakter und dazu ein Wein mit sanfter Seele: Neuburger Leithaberg DAC.

Langsamer Schweinsbraten

Zubereitungszeit: 25 Minuten
+ 3 Stunden garen

6–8 Portionen

1 ½ kg Schweinsbraten (Schweineschulter mit Schwarte und ohne Knochen)
3 Knoblauchzehen
2 Zweige Rosmarin
2 TL schwarzer Pfeffer
1 EL Salz
250 ml Öl

Backofen auf 120 Grad (Ober- und Unterhitze) vorheizen.

Schwarte am Braten mit einem sehr scharfen Messer gleichmäßig einschneiden (circa 1 cm Abstand).

Knoblauch schälen, Rosmarinnadeln vom Zweig rebeln und beides hacken. Pfeffer in einer Pfanne trocken rösten, bis er zu duften beginnt. Knoblauch, Rosmarin, Pfeffer und Salz im Mörser fein mahlen, Olivenöl untermischen.

Paste mit den Händen auf dem Fleisch verteilen, in die Einschnitte der Schwarte drücken. Schweinsbraten auf den Gitterrost im Ofen legen, darunter ein Blech als Fettpfanne schieben. Das Fleisch 3 Stunden lang garen, dabei gelegentlich wenden und mit Garflüssigkeit aus dem Backblech darunter beträufeln.

Fleisch 30 Minuten vor dem Ende der Garzeit aus dem Ofen nehmen. Backofentemperatur auf 220 Grad erhöhen. Braten wieder in den Ofen schieben und braten, bis die Schwarte knusprig ist.

Aus dem Ofen nehmen und 10 Minuten rasten lassen.

Mit Semmelknödeln und grünem Salat anrichten.

Was wäre ein Schweinebraten ohne ein klassisches Märzen Bier im Glas – no more words needed!

Schokolade-Cookies

mit Karamellkern

Zubereitungszeit: 30 Minuten
+ 12 Stunden Kühlung

18–20 Cookies

150 g Butter
120 g dunkle Schokolade
120 g Milchschokolade
3 große Eier
70 g Feinkristallzucker
1 TL Vanille-Extrakt
70 g Mehl + 2 EL
2 EL ungesüßtes Kakaopulver
½ TL Backpulver
½ TL Salz
18–20 Stück Milchschokoladekaramell
(z. B. Werther, Dove oder Milka-Karamellschokolade in Stücke geschnitten)
Meersalzflocken

Beide Schokoladen grob hacken (oder man verwendet Chocolate chips, dann erspart man sich das). Butter und Schokolade in einem Topf schmelzen. Beiseitestellen und überkühlen lassen.

Eier und Zucker mit einem Mixer oder einer Küchenmaschine schaumig aufmixen. Vanille-Extrakt und die geschmolzene Schokolade-Buttermischung unterrühren, circa 2 Minuten weiterrühren, bis alles gut vermischt ist. Mehl, Kakaopulver, Backpulver und Salz untermischen. Die Masse sollte dickflüssig sein. Zudecken und über Nacht in den Kühlschrank stellen.

Am nächsten Tag bzw. wenn man sie braucht: Backofen auf 160 Grad (Umluft) vorheizen. Backpapier auf ein Backblech legen.

Jeweils 1 EL Teig zu Kugeln formen, mit 2 cm Abstand auf das Backblech setzen. Hände befeuchten und die Kugeln flach drücken (circa 2 cm Durchmesser). In die Mitte ein Karamell setzen und mit einer zweiten kleinen Teigplatte belegen, am Rand vorsichtig festdrücken.

10–12 Minuten backen, aus dem Ofen nehmen und jeden Cookie mit Meersalzflocken bestreuen. Vor dem Servieren 5 Minuten überkühlen lassen.

Tipp: Man kann die Cookies auch sehr gut kalt servieren, so kann man sie komplett vorbereiten. Möchte man sie warm servieren, kann man sie fertig formen und füllen und erst kurz vor dem Dessert in den Ofen schieben.

Karamell, etwas Schokolade und Röstiges, das sind genau die Aromen einer Chardonnay Beerenauslese.

Tortilla mit Schinken und Ei

Welschriesling

• • •

Ofenhühnchen mit Lauch und Erdäpfeln

Weißburgunder

• • •

Soufflierter Scheiterhaufen à la Reinhard Gerer

Muskat Ottonel Spätlese

Tortilla

mit Schinken und Ei

Zubereitungszeit: 30 Minuten

4 Portionen

4 Eier
2 Tortilla-Fladen
Salz, Pfeffer aus der Mühle
160 g Berger-Wellness-Schinken
6–8 Kirschtomaten
4 Champignons
2 EL frischer Schnittlauch, gehackt
Salz, Pfeffer aus der Mühle

Butter zum Braten

Eier verquirlen, mit Salz und Pfeffer würzen. Kirschtomaten in kleine Würfel, Champignons blättrig und den Schinken in Streifen schneiden.

Etwas Butter in einer Pfanne zerlassen, die Hälfte der Eier hineingeben und bei mittlerer Hitze leicht anstocken lassen. Sobald sie sich vom Pfannenrand lösen, eine Tortillaflade darauflegen und mit der flachen Hand festdrücken.

Nun mit einem Pfannenwender umdrehen, sodass die Tortilla in der Pfanne und das Ei oben liegt. Die Hälfte des Schinkens, der Tomaten, Champignons und des Schnittlauchs darauf verteilen, mit Salz und Pfeffer würzen.

Die Tortilla anheben, sobald sie goldbraun gebraten ist. Mit dem Pfannenwender auf einen flachen Teller legen, einrollen und warmstellen. Mit den übrigen Zutaten wie oben beschrieben verfahren.

Die fertigen Tortillas in der Mitte teilen und mit frischen Kräutern und/ oder grünem Salat anrichten.

Tipp: Das ist meine Lieblingsvariante, das Ganze kann aber je nach Belieben gefüllt werden – Basis sind immer die Tortilla-Flade und das Ei, alles andere ist Geschmackssache.

Die Region am Neusiedler See steht für animierende Welschrieslinge; sie gehen toll zu dieser Vorspeise.

Ofenhühnchen

mit Lauch und Erdäpfeln

Zeit: 1 ½ Stunden

4 Portionen

2 Hühnerbrüste
2 Hühnerkeulen
2 Hühnerschenkel
2 Stangen Lauch
1 ganze Knoblauchknolle
500 g festkochende Erdäpfel
150 g frischer Baby-Blattspinat
2 EL Pflanzenöl
2 Zweige Thymian
200 ml trockener Weißwein
400 ml Hühnerfond
Olivenöl
Salz, Pfeffer aus der Mühle

Backofen auf 180 Grad (Ober- und Unterhitze) vorheizen.

Die Haut von den Hühnerteilen abziehen, entsorgen. Den Lauch waschen, putzen, in 5 mm dicke Scheiben schneiden. Knoblauchknolle quer halbieren. Erdäpfel schälen, achteln. Babyspinat waschen, verlesen, trockenschleudern.

Hühnerteile salzen und pfeffern, in einer Pfanne mit dem Pflanzenöl rundum goldbraun anbraten. In eine große ofenfeste Form legen. In derselben Pfanne die Knoblauchhälften anbraten, Lauch zugeben und circa 3 Minuten braten. Thymianzweige zugeben, mit Weißwein ablöschen, salzen, pfeffern. Lauch mit dem Spinat vermischen, auf dem Huhn verteilen. Erdäpfel darauflegen, Hühnerfond dazugeben, Erdäpfel nochmals etwas salzen und mit Olivenöl beträufeln.

Im Ofen 55 Minuten (je nach Größe der Hühnerteile) braten. Aus dem Ofen nehmen, 5 Minuten rasten lassen und die Form am besten in die Mitte des Tisches stellen.

Zart und doch voll Charakter – zum ofengebackenen Hühnchen ein Weißburgunder Leithaberg DAC.

Soufflierter Scheiterhaufen

à la Reinhard Gerer

Zubereitungszeit: 45 Minuten

4 Portionen

120 g Briochegebäck
250 ml Milch
3 Eier
60 g weiche Butter
1 TL Vanillezucker
2 EL Rosinen
5 EL Preiselbeermarmelade
3 EL Feinkristallzucker

4 säuerliche Äpfel (z. B. Braeburn)
2 EL Butter
1 Msp. Zimt
1 EL Kristallzucker
60 ml Weißwein
Calvados nach Geschmack

Butter und Zucker für die Form

Tipp: Man kann den Scheiterhaufen zur Gänze vorbereiten und kalt servieren, die Äpfel dazu nochmals aufwärmen. Wenn man den Scheiterhaufen in kleinen Formen zubereitet, am besten auf Teller stürzen.

Muskat Ottonel als jugendliche Spätlese vereint Frische, Würze und liebliche Süße – fein zur Mehlspeise.

Eine Auflaufform inklusive Rand (oder 4 kleine Auflaufformen) mit Butter bestreichen und mit Zucker ausstreuen.

Backofen auf 200 Grad (Ober- und Unterhitze) vorheizen.

Milch erwärmen. Brioche entrinden, in kleine Würfel schneiden, in der Milch einweichen. Beiseitestellen.

Die Eier in Dotter und Eiklar trennen. Butter und Vanillezucker cremig aufschlagen (Handmixer oder Küchenmaschine), Dotter nach und nach einrühren. Brioche mit den Händen gut ausdrücken, gemeinsam mit den Rosinen und Preiselbeeren unter die Buttermasse mischen.

Eiklar mit dem Mixer steifschlagen, währenddessen den Feinkristallzucker einrieseln lassen. Eischnee unter die Briochemasse heben. Möglichst wenig rühren, damit man die Luftigkeit des Eischnees nicht zerstört.

Masse in die Auflaufform (bzw. in die vier kleineren Formen) füllen. Backblech mit 3 cm Wasser füllen, Auflaufform in das Wasser setzen und 25 Minuten backen (die kleineren Formen brauchen 18–20 Minuten).

In der Zwischenzeit die Äpfel schälen, in Spalten schneiden und das Kerngehäuse entfernen. Die Butter in einer Pfanne erhitzen, Apfelspalten hineinlegen und durchschwenken. Äpfel mit Zimt und Zucker bestreuen und so lange in der Butter dünsten, bis sie eine leicht braune Farbe annehmen. Mit dem Weißwein ablöschen und einkochen lassen. Nach Geschmack mit etwas Calvados aromatisieren. Fertigen Scheiterhaufen mit den Äpfeln servieren.

Winter-Couscous mit Safran

Furmint

• • •

Osso buco

Cuvée

• • •

Espresso-Panna-Cotta

Espresso Coretto

Winter-Couscous

mit Safran

Zubereitungszeit: 25 Minuten

6 Portionen

½ TL Safranfäden
600 ml Gemüsefond
500 g Couscous
Schale von 1 Bio-Zitrone
150 g Rosinen
4 EL Olivenöl
150 g Granatapfelkerne
100 g Pinienkerne
Salz, Pfeffer aus der Mühle

Safran mit einer Prise Salz in den Mörser geben, mit dem Stößel fein mahlen. Gemüsefond erhitzen. Couscous mit der geriebenen Schale von ½ Zitrone und den Rosinen in eine Schüssel geben, Gemüsefond zum Couscous geben, durchrühren, zudecken und 10 Minuten beiseitestellen.

Wenn der Couscous die Flüssigkeit aufgesogen hat, mit einer Gabel auflockern. Mit dem Olivenöl verrühren, mit Salz und Pfeffer würzen. Die Granatapfel- und Pinienkerne untermischen, nochmals abschmecken und eventuell nachwürzen. Die restliche Zitronenschale darüber verteilen.

Tipp: Den Couscous kann man gut vorbereiten, er hält zwei Tage im Kühlschrank.

Furmint – ein Wein mit ungarischer Anima und viel Trinkfluss – eine tolle Kombi mit winterlich Würzigem.

Osso buco

Zubereitungszeit: 40 Minuten
+ 3 Stunden Garzeit

6 Portionen

6 Scheiben Osso buco (5 cm dick)

3 mittelgroße Karotten

2 Stangen Sellerie

1 große Zwiebel

3 Knoblauchzehen

1 TL Butter

4 EL Mehl

Salz, Pfeffer aus der Mühle

Pflanzenöl

1 Streifen (circa 4 cm) Schale von 1 Bio-Zitrone

250 ml trockener Weißwein

300 ml Kalbsfond

500 ml Passata (passierte Tomaten aus der Flasche)

Gremolata

3 EL frische Petersilie, gehackt

Schale von der restlichen Bio-Zitrone

1 Knoblauchzehe

Backofen auf 180 Grad (Ober- und Unterhitze) vorheizen.

Karotten, Sellerie, Zwiebel und Knoblauch fein würfelig schneiden, in der Butter auf mittlerer Flamme 6–7 Minuten braten. Gemüse in den Bräter geben, gleichmäßig verteilen.

Fleisch waschen, trockentupfen, rundum salzen und pfeffern. Mehl auf einem Teller verteilen, Fleisch darin wenden und überschüssiges Mehl abklopfen (es sollte nur dünn mit Mehl überzogen sein). Sofort in Pflanzenöl in einer Pfanne kräftig anbraten. Auf das Gemüse in den Bräter setzen.

Zitronenschale kurz in derselben Pfanne anbraten, mit Weißwein aufgießen, 2–3 Minuten einkochen lassen, über das Fleisch gießen. Kalbsfond und passierte Tomaten ebenfalls kurz in der Pfanne erhitzen, mit Salz und Pfeffer würzen und zum Fleisch geben. Das Ganze nun in den Ofen schieben und 3 Stunden lang schmoren.

Kurz vor dem Servieren die Gremolata zubereiten

Knoblauchzehe sehr fein hacken. Mit Petersilie und geriebener Zitronenschale vermischen, auf den Fleischscheiben verteilen und nochmals kurz in den Ofen schieben, bis die Gremolata zu duften beginnt (circa 2 Minuten).

Mit Salat und Weißbrot servieren.

Hier ist eine reife, rote Cuvée mit fleischig-würzigen Noten gefragt – idealerweise im Holz ausgebaut.

Espresso-Panna cotta

Zubereitungszeit: 1 Stunde
+ 4 Stunden Kühlung

6 Portionen

250 ml Espresso
60 g Feinkristallzucker
6 Gelatineblätter
300 ml Milch
300 ml Schlagobers
1 Vanilleschote
1 ½ TL Instantkaffee
100 g dunkle Schokolade (70 % Kakaogehalt)
30 g Butter
1 Prise Salz
60 ml Wasser
1 EL Ahornsirup

Kandierte Orangenschalen

Espresso und 25 g Zucker in einen kleinen Topf geben und erhitzen, bis der Zucker sich aufgelöst hat. 2 Gelatineblätter in kaltem Wasser 2 Minuten einweichen, ausdrücken, im Kaffee unter Rühren auflösen. Mischung auf 6 Gläser oder Förmchen mit circa 180 ml Inhalt aufteilen und eine Stunde kaltstellen.

Die restlichen 4 Gelatineblätter wieder in kaltem Wasser 2 Minuten einweichen.

Vanilleschote längs aufschneiden und das Mark mit einem Messer herausschaben. Milch, 250 ml Schlagobers, Vanillemark und -schote, 35 g Zucker und den Instantkaffee in einen Topf geben, zum Köcheln bringen. Gelatine aus dem Wasser nehmen, ausdrücken und in der Milchmischung unter Rühren auflösen. Vom Herd nehmen und 30 Minuten setzen lassen.

Milchmischung durch ein Sieb gießen, auf die 6 Förmchen aufteilen. Im Kühlschrank mindestens 4 Stunden fest werden lassen (kann auch ruhig schon am Vortag gemacht werden).

Kurz vor dem Servieren Schokolade in Stücke brechen, mit der Butter, den restlichen 50 ml Schlagobers, einer Prise Salz und 60 ml Wasser in einen Topf geben, 3 Minuten köcheln lassen. Zum Schluss den Ahornsirup untermischen.

Panna Cotta aus den Förmchen auf einen Dessertteller stürzen (dazu die Form am besten kurz in kochendes Wasser tauchen) oder im Glas belassen. Mit Schokoladesauce beträufeln und mit kandierten Orangenschalen anrichten.

Italianità – ein Espresso Coretto zur kaffeeduftigen Panna Cotta gibt ein Gefühl vom Süden.

Marinierte Lachsforelle mit Avocado

Weißburgunder

• • •

Pot au feu

Grüner Veltliner

• • •

Topfenkuchen mit Kumquats

Furmint Spätlese

Marinierte Lachsforelle

mit Avocado

Zubereitungszeit: 20 Minuten
+ 2 Stunden marinieren

4 Portionen

4 Lachsforellenfilets
1 Bund Petersilie
1 Bund Dille
Schale und Saft von 1 Bio-Orange
Schale und Saft von 1 Bio-Zitrone
2 EL Salz
2 EL Zucker

2 Bio-Orangen
1 Avocado
2 EL Sesamöl
1 EL Ingwer, fein geschnitten
1 EL Zitronensaft
zwei Handvoll frische Kräuter (am besten passen Basilikum, Bachkresse und Kerbel)

Die Haut von den Forellenfilets mit einem sehr scharfen Messer abziehen. Petersilie und Dille waschen, putzen und fein hacken.

Eine Auflaufform aussuchen, in die die Filets möglichst genau hineinpassen. Die Hälfte der Petersilie und Dille am Boden der Form verteilen, Filets darauflegen. Salz und Zucker vermischen und über die Filets streuen, dann die restlichen Kräuter und die Orangen- und Zitronenzesten darauf verteilen. Mit Orangen- und Zitronensaft begießen und mindestens 2 Stunden, am besten aber über Nacht, marinieren lassen.

Kurz vor dem Servieren die Orangen filetieren, den austretenden Saft auffangen. Was von den Orangen übrig bleibt, gemeinsam mit dem Ingwer und dem Zucker in einen kleinen Topf geben, 5 Minuten köcheln. Abseihen, mit Zitronensaft vermischen.

Basilikum, Kerbel und Kresse waschen, putzen, trocknen. Forellenfilets aus der Marinade heben, abwechselnd mit Avocado, Orangenfilets und den Kräutern anrichten, mit dem Orangen-Ingwer-Sud beträufeln.

Avocado ist cremig, Lachsforelle zart und fein – all das steckt auch in einem frischen Weißburgunder.

Pot au feu

Zubereitungszeit: 20 Minuten
+ 2 ½ Stunden Garzeit

4 Portionen

1,5 kg Tafelspitz oder Schulterscherzel
3 Karotten
2 Pastinaken
2 Stangen Lauch (nur den weißen Teil)
1 Zwiebel
1 TL Gewürznelken
2 Lorbeerblätter
2 Zweige Petersilie
1 Zweig Thymian
3 Markknochen
8 festkochende Kartoffeln

Zum Anrichten

Fleur de Sel (Meersalzflocken)
Cornichons (knackige, kleine Gurken)
Dijonsenf

In einem großen Topf circa 2 Liter Wasser zum Kochen bringen.

Karotten und Pastinaken schälen, in 1 cm dicke Scheiben schneiden.
Lauch waschen, halbieren.

Das Fleisch hineinlegen, es sollte mit Wasser bedeckt sein. Immer wieder mit einem Schöpflöffel Schaum abschöpfen. Nach 5 Minuten Hitze reduzieren, Fleisch circa 1 Stunde schwach köcheln lassen.

Die übrigen Zutaten mit Ausnahme der Markknochen und der Kartoffeln zugeben und weitere 1 ½ Stunden köcheln lassen. Dann die Kartoffeln und die Markknochen zugeben und den Pot-au-feu weitere 30 Minuten köcheln lassen. Suppe mit Salz würzen. Fleisch aus der Suppe heben, in Scheiben schneiden und mit dem Gemüse, Cornichons, Dijon-Senf und mit Fleur de Sel bestreut anrichten.

Zu gekochtem Rind samt Gemüse unbedingt einen charaktervollen Grünen Veltliner Leithaberg DAC.

Topfenkuchen

mit Kumquats

Zubereitungszeit: 1 Stunde

1 Springform (ø 26 cm)

6 Eier
250 g weiche Butter
180 g Zucker
Schale von ½ Bio-Orange
3 EL Zitronensaft
115 g Mehl
15 g Maisstärke
1 TL Backpulver
1 kg Topfen
1 Prise Salz

Kumquats

75 ml Wasser
40 ml frisch gepresster Orangensaft
40 ml frisch gepresster Zitronensaft
Schale von ½ Bio-Orange
Schale von ½ Bio-Zitrone
100 g Zucker
250 g Kumquats

Den Backofen auf 150 Grad (Umluft) vorheizen. Die Backform mit Backpapier auslegen. Für den Topfenkuchen zuerst die Eier trennen. Das Eiweiß steifschlagen. Die Butter mit dem Zucker zu einer Crème aufschlagen (Handmixer oder Küchenmaschine), die Eigelbe nach und nach dazugeben. Die Orangenschale und den Zitronensaft unterrühren. Das Mehl, die Stärke und das Backpulver vermischen, sieben und zur Crème geben.

Danach den Topfen und das Salz kurz untermischen. Den Eischnee vorsichtig unter die Topfenmasse heben. Teig in die Form gießen.

Den Topfenkuchen 50 Minuten backen, danach abkühlen lassen.

Für die Kumquats das Wasser, Orangen- und Zitronensaft, den Zucker, die Orangen- und die Zitronenschale aufkochen. Die Kumquats waschen und mit Schale in dünne Scheiben schneiden. Die Scheiben in den Sirup geben und 30 Minuten ohne Deckel köcheln, danach auskühlen lassen.

Den Topfenkuchen mit den Kumquats servieren.

Bitterorangen und Topfen lieben die unaufgeregte und charakterstarke Begleitung einer Furmint Spätlese.

Thai-Curry-Suppe

Grauburgunder

• • •

Teriyaki Chicken

Muskat Ottonel Orange Wein

• • •

Apfel-Salzkaramell-Tarte mit Erdnüssen

Gewürztraminer Auslese

Thai-Curry-Suppe

mit Garnelen

Zubereitungszeit: 20 Minuten

4 Portionen

Paste

2 Schalotten

4 Knoblauchzehen

2 daumengroße Stück Ingwer

3 grüne Chilis

1 rote Chili

Schale von 1 Bio-Limette

1 Bund Koriander

2 EL Sesamöl

1 Schuss Wasser

Suppe

1 l Geflügelfond

200 ml Kokosmilch

Salz, Pfeffer aus der Mühle

2 EL Yuzusaft

3 EL Sojasauce

8 Bio-Garnelen, geschält und entdärmt

Schalotten, Knoblauch und Ingwer schälen und in grobe Stücke schneiden. Koriander und Chilis waschen. Alle Zutaten für die Paste in einem starken Mixer zu einer sämigen Sauce pürieren.

Einen großen Topf aufstellen. Die Paste darin bei mittlerer Hitze anrösten. Sobald das Wasser in der Paste verdampft ist und sie intensiv zu duften beginnt, mit dem Geflügelfond und der Kokosmilch aufgießen und mit Salz und Pfeffer abschmecken. Zum Schluss mit Yuzusaft und Sojasauce würzen und 10 Minuten leicht köcheln lassen.

Bio-Garnelen der Länge nach halbieren und ein bis zwei Minuten in der Suppe ziehen lassen.

Eine Suppe mit richtig Wums, für die es einen Wein mit Stärke à la Grauburgunder braucht.

Teriyaki Chicken

Zubereitungszeit: 45 Minuten

4 Portionen

800 g Hühnerbrustfilet (ohne Haut und ohne Knochen)
60 ml Sojasauce
100 ml Orangensaft, frisch gepresst
3 EL Honig
1 EL Ingwer, frisch gerieben
1 EL Sesamöl
2 EL Pflanzenöl
1 EL Butter

Zum Bestreuen

Frühlingszwiebel
Sesam
Rote Chilischote

Sojasauce, Orangensaft, Honig, Ingwer und Sesamöl vermischen. Huhn waschen, trocken tupfen, putzen und in circa 3 cm große Würfel schneiden. Dann das Huhn in die Marinade legen, vermischen und mit Frischhaltefolie zudecken. Auf diese Weise circa 30 Minuten marinieren.

In der Zwischenzeit den Reis aufsetzen, Frühlingszwiebel und Chili putzen. Die Zwiebel in feine Ringe schneiden, Chilischote fein hacken.

Eine Pfanne mit Pflanzenöl erhitzen, Huhn mit einem Siebschöpfer aus der Marinade nehmen und in der Pfanne rasch rundum anbraten. Wenn die Pfanne nicht groß genug ist, in 2–3 Partien teilen.

Pfanne von der Platte ziehen, Huhn auf einem Teller beiseitestellen. Dann die übrige Marinade in die Pfanne geben, Butter zugeben und bei mittlerer Hitze leicht köcheln lassen, bis die Sauce eine sämige Konsistenz hat (dauert nur wenige Minuten). Huhn zurück in die Sauce geben, noch einmal durchschwenken und mit gekochtem Reis anrichten. Zum Schluss mit Frühlingszwiebeln, Sesam und Chili bestreuen.

Ein Teller, der ganz laut nach der Kombination mit Orange Wein ruft. Spannend: die Sorte Muskat Ottonel.

Apfel-Salzkaramell-Tarte

mit Erdnüssen

Zubereitungszeit: 1 Stunde

1 Tarteform (ø 26 cm)

Mürbteig
200 g Mehl
100 g kalte Butter, in kleinen Würfeln
50 g Zucker
1 EL kaltes Wasser
Zimt

Salzkaramell
125 g Zucker
200 ml Schlagobers
2 EL Butter
Meersalz nach Geschmack

Belag
2 mittelgroße, säuerliche Äpfel
2 EL Erdnüsse, geröstet und gesalzen
optional: Zimt

Butter für die Form
Hülsenfrüchte oder Blindbackperlen

Eine Tarte, frisch und karamellig zugleich, matcht toll mit einer jungen Gewürztraminer Auslese.

Backofen auf 170 Grad (Umluft) vorheizen. Die Tarteform mit Butter einfetten.

Für den Mürbteig alle Zutaten mit dem Knethaken des Mixers oder der Küchenmaschine (oder den Händen) zu einem glatten Teig verkneten. Den Teig auf dem Boden der Tarteform ausrollen und am Rand hochziehen. Ein Blatt Backpapier auf den Teig legen und die Hülsenfrüchte auf dem Papier verteilen. Das simuliert eine Füllung beim Vorbacken und verhindert, dass der Teig am Boden Blasen wirft und am Rand herunterfließen kann. Den Teig 12 Minuten auf mittlerer Schiene backen.

Inzwischen das Salzkaramell zubereiten

Zucker, Butter und Schlagobers in einem kleinen Topf aufkochen und so lange einköcheln lassen (circa 15 Minuten), bis sich eine hellbraune, dickflüssige Sauce gebildet hat. Zwischendurch unbedingt umrühren, damit das Karamell nicht anbrennt. Ist die gewünschte Konsistenz erreicht, Meersalz dazugeben und kurz verrühren.

Mürbteig aus dem Ofen nehmen. Das Backpapier mit den Hülsenfrüchten entfernen. Achtung: Die Hülsenfrüchte werden sehr heiß.

Die Äpfel vierteln, entkernen und in dünne Scheiben schneiden. Salzkaramell auf den Mürbteig streichen, sodass der Boden gut bedeckt ist. Auf das Karamell einige Erdnüsse streuen und dann die Apfelscheiben wie Dachziegel auf dem Teig verteilen. Wer mag, kann noch ein wenig Zimt über die Apfelspalten streuen.

Die Apfeltarte auf mittlerer Schiene backen. Nach 20 Minuten herausziehen und mit einem Backpinsel noch etwas Salzkaramell auf die Apfelspalten pinseln. Erdnüsse über die Äpfel streuen und die Tarte für weitere 10 Minuten in den Ofen geben. Nach Ende der Backzeit die Apfeltarte heraus nehmen und auf einem Gitter abkühlen lassen.

Mini-Calzones

Rosé

...

Französisches Knoblauch-Huhn

Grauburgunder

...

Schokotassen

Eierlikör

Mini-Calzones

mit Schinken, Champignons und Rucola-Pesto

Zubereitungszeit: 1 Stunde

6 Stück

1 Pkg. Pizzateig
½ Flasche Polpa (gestückelte Tomaten)
1 kleine Zwiebel
1 EL Olivenöl
1 Knoblauchzehe
1 Prise Zucker
Salz, Pfeffer aus der Mühle
200 g Berger-Römer-Schinken
100 g kleine Champignons
1 Kugel Mozzarella

Rucolapesto

80 g frischer Rucola
2 EL blanchierte Mandeln
3 EL Parmesan oder Pecorino, frisch gerieben
100 ml Olivenöl
Salz, Pfeffer aus der Mühle

Mein BERGER Schinken

Zwiebel schälen und halbieren, in Olivenöl in einem Topf glasig anbraten. Tomaten zugeben, Knoblauch schälen und dazupressen. Mit Zucker, Salz und Pfeffer würzen. Zugedeckt circa 30 Minuten köcheln lassen. Zwiebel entfernen.

In der Zwischenzeit die Champignons putzen, blättrig schneiden. Mozzarella abtropfen lassen, in dünne Scheiben schneiden.

Rucola waschen, trocken schleudern, mit den restlichen Zutaten in einen starken Mixer geben und zu einer Paste mixen. Mit Salz und Pfeffer abschmecken.

Backofen auf 200 Grad vorheizen (Ober- und Unterhitze). Pizzateig in 6 Quadrate schneiden. Die eine Hälfte jedes Quadrats mit Rucolapesto bestreichen, die andere mit Tomatensauce. Dabei circa 1 cm vom Rand aussparen. Dann mit Schinken, Champignons und Mozzarella belegen, zusammenklappen und die Ränder festdrücken oder mit den Fingern zusammendrehen (ungefähr wie Kärntner Kasnudeln).
Der Teig sollte auf jeden Fall fest verschlossen sein.

Auf ein Backblech (Backpapier) legen und 15 Minuten backen. Vor dem Essen circa 5 Minuten überkühlen lassen.

Das Universalgenie zur Pizza – ein charaktervoller Rosé. Es geht hier aber auch ein fruchtbetonter Roter.

Französisches Knoblauch-Huhn

Zubereitungszeit: 2 Stunden

4–6 Portionen

1 ganzes Huhn (1 ½–2 kg)
Salz, Pfeffer aus der Mühle
40 Knoblauchzehen, aus der Knolle gelöst, in der Schale
4 EL Olivenöl
trockener Weißwein
2 Baguettes
Meersalzflocken (Fleur de Sel)
3 EL frische Petersilie, gehackt

Backofen auf 180 Grad (Ober- und Unterhitze) vorheizen. Das Huhn innen und außen mit kaltem Wasser waschen, trocken tupfen. Die Bauchhöhle mit Salz und Pfeffer einreiben, 6 Knoblauchzehen hineinlegen. Huhn außen großzügig salzen.

Öl in einem großen Schmortopf erhitzen, das Huhn darin rundum anbraten. Die übrigen Knoblauchzehen einige Minuten im Fett mitbraten. Dann so viel Weißwein dazugießen, dass das Huhn bis zur Hälfte der Keulen bedeckt ist. Zudecken und 1 ½ Stunden im Ofen garen, ohne den Deckel abzunehmen.

Kurz vor dem Servieren die Baguette-Stangen in dünne Scheiben schneiden, mit ein paar Tropfen Olivenöl beträufeln und im Ofen rösten.

Den Topf aus dem Ofen nehmen, Deckel abheben und tief einatmen (das ist fast berauschend). Huhn aus dem Sud heben, tranchieren. Die Knoblauchzehen auf den gerösteten Brotscheiben zerdrücken und mit Meersalz und Petersilie bestreuen. Hühnerteile mit gemischtem Blattsalat servieren.

Würze und feine Röstnoten bestimmen den Teller, herrlich dazu ein holzfassausgebauter Grauburgunder.

Schokotassen

Zubereitungszeit: 10 Minuten
+ 2 Stunden Kühlung

6 Portionen

300 ml Schlagobers
200 g dunkle Schokolade
(70 % Kakaogehalt)
2 Eidotter
3 EL Rum
20 g Butter
1 Prise Salz

Zum Anrichten

Schlagobers
2 EL geschälte, geröstete Haselnüsse
mürbe Kekse oder Cantuccini

Schlagobers in einer Pfanne erhitzen, Schokolade in Stücke brechen und im Schlagobers unter Rühren schmelzen. Vom Herd nehmen und 1 Minute überkühlen lassen.

Eidotter und Rum zugeben und mit dem Schneebesen so lange rühren, bis sie gut eingebunden sind. Butter und eine Prise Salz untermischen. So lange rühren, bis man eine glatte Crème hat.

Das Ganze nun in 6 Tassen verteilen und kühlstellen (mindestens 2 Stunden). Mit einem Tupfen Schlagobers und gerösteten Haselnüssen anrichten und mit mürben Keksen oder Cantuccini servieren.

Wenn eine ordentliche Portion Nostalgie im Spiel ist, trifft Schokolade auf Eierlikör.

Tipp 1: Zu diesem Dessert passen Früchte aller Art – von frischen Erdbeeren über Orangenfilets bis zum Kirschkompott. Ein einfacher Allrounder zu jeder Jahreszeit.

Tipp 2: Man kann auch 2 EL starken Espresso in die Crème rühren.

Tipp 3: Wenn man die Butter unterrührt und die Schokolade zu heiß ist, bindet die Crème nicht. Rettung: noch etwas auskühlen lassen und etwas kalte Milch unterrühren.

Maronisuppe mit Chorizo

Chardonnay

Ofenlachs mit Sellerie-Salsa

Sauvignon Blanc

Brie-Torte

Weißburgunder

Maronisuppe

mit Chorizo

Zubereitungszeit: 40 Minuten

6 Portionen

250 g Chorizo
3 Knoblauchzehen
2 Zwiebeln
2 Karotten
1 Stange Sellerie
1 Dose gewürfelte Tomaten (Polpa)
300 g Bio-Maroni, geschält und gegart (entspricht 3 Packungen)
150 ml warmes Wasser
1 Msp. Safran
1 Msp. Kreuzkümmel
4 EL Olivenöl
Salz, Pfeffer aus der Mühle

Chorizo in circa 5 mm dicke Scheiben schneiden. Knoblauch und Zwiebeln schälen, in kleine Würfel schneiden. Karotten schälen, Sellerie waschen, beides in 3–4 mm dicke Scheiben schneiden. Safranfäden in 150 ml warmem Wasser einweichen.

Öl in einem großen Topf erhitzen. Chorizo, Knoblauch, Zwiebeln, Karotten und Sellerie zugeben. 15 Minuten auf mittlerer Flamme dünsten.

Tomaten, Maroni und Kreuzkümmel zugeben, ein paar Minuten mitdünsten. 1 Liter Wasser und die Safranmischung unterrühren, salzen, pfeffern und die Suppe zum Kochen bringen. 15 Minuten bei mittlerer Temperatur köcheln lassen. Nochmals abschmecken, sollte sie zu dickflüssig sein, noch etwas Wasser zugeben.

Mit geröstetem Landbrot servieren.

Wintersoulfood mit einem Schärfetwist – dazu ein Glas Chardonnay Leithaberg DAC.

Ofenlachs

mit Sellerie-Salsa

Zubereitungszeit: 1 Stunde

4 Portionen

4 Lachsfilets (à circa 250 g)
4 Stangen Sellerie
30 g Pinienkerne
40 g grüne Oliven
1 Prise Safranfäden
20 g Petersilie
100 g Cranberries
100 ml Olivenöl
40 g kleine Kapern
Saft und Schale von 1 Bio-Zitrone
Salz, Pfeffer aus der Mühle

Selleriestangen waschen, putzen, in 1 cm breite Streifen schneiden, Blätter für die Garnitur aufheben. Pinienkerne grob hacken. Fruchtfleisch der Oliven vom Kern schneiden, grob hacken. Safranfäden in 1–2 EL Wasser einlegen. Petersilie waschen, trocknen und hacken.

Cranberries in eine kleine Schüssel geben, mit heißem Wasser übergießen, 20 Minuten einweichen lassen.

2 EL Olivenöl mit einer Prise Salz und Pfeffer mixen. Die Haut vom Lachs mit einem scharfen Messer entfernen, Lachs auf ein mit Backpapier belegtes Backblech oder in eine ofenfeste Form legen, mit Öl bestreichen und bis zur Verwendung kühlstellen.

75 ml Olivenöl in eine größere Pfanne geben, auf hohe Hitze schalten. Sellerie und Pinienkerne zugeben, 4–5 Minuten braten (die Pinienkerne sollten leicht Farbe nehmen). Vom Herd ziehen. Kapern, Oliven, Safran samt Flüssigkeit und etwas Salz unterrühren. Cranberries abseihen, gemeinsam mit Petersilie, Zitronenschale und der Hälfte des Zitronensafts untermischen. Beiseitestellen und auskühlen lassen.

Backofen auf 120 Grad (Ober- und Unterhitze) vorheizen. Lachs aus dem Kühlschrank nehmen, mit Salz und Pfeffer würzen und 25–30 Minuten im Backofen braten.

Auf Tellern anrichten und Sellerie-Salsa darüber verteilen. Dazu passen sehr gut Tomatenreis, Kartoffel-Pastinakenpüree, Bratkartoffeln oder einfach nur knusprig aufgebackenes Weißbrot.

An den Hängen des Neusiedler Sees reifen tiefgründige, dichte Sauvignon Blancs. Top zum Lachs.

Brie-Torte

Zubereitungszeit: 10 Minuten

10–12 Portionen

1 ganzer reifer Brie (oder Camembert)
2 EL getrocknete Cranberries
4 getrocknete Marillen
4 frische Feigen
2 EL Haselnüsse, geröstet und geschält
1 EL alter Balsamico-Essig
frische Thymianblättchen

Brie auf Zimmertemperatur bringen, auf eine Platte legen.

Marillen in circa 1 cm große Würfel schneiden, mit den Cranberries auf dem Brie verteilen. Feigen waschen, achteln oder vierteln (je nach Größe der Früchte), auf den Brie legen.

Haselnüsse grob hacken, darüberstreuen.

Cranberries und Thymianblättchen auf der Brie-Torte verteilen, mit Balsamico beträufeln.

Jemals einen cremigen Brie mit reifem Weißburgunder probiert? Hier ist der ideale Moment!

Deko & Tipps

Womit man sich zu Weihnachten spielen kann: Christbaumkugeln, Strohsterne, Mistelzweige, Teelichter, Materialien in dunklem Rot, Grün und Gold, Kärtchen aus Naturpapier, Lichterketten, rote und grüne Bänder, frische Äpfel oder getrocknete Apfelchips, Jutesäckchen, Lebkuchen.

Step by Step

1. Mit etwas Reisig, Vasen und Maschendraht kann man perfekt einen kleinen Tannenbaum basteln. Dafür den Maschendraht (im Baumarkt erhältlich) zu einem Kegel einrollen, feststecken und in eine Vase geben.

2. Reisig zuschneiden und von unten in den Maschendraht stecken, um die hinunterhängenden Zweige eines Tannenbaums zu imitieren.

3. Arbeitet euch mit dieser Technik von unten nach oben, bis ein Baum erkennbar wird.

Nelken haben es verdient, aus der Friedhofsecke geholt zu werden. Vor allem in strahlendem Rot bringen sie toll Farbe in jede Dekoration. Es lohnt sich außerdem, die Blüte vorsichtig aufzufächern und die Nelke von einer unaufregenden Blume in einen echten Star am Tisch zu verwandeln.
Weitere Pluspunkte: Sie sind günstig in so gut wie jedem Supermarkt zu kaufen und sehen auch noch Tage nach der Dinnerparty frisch aus.

Nüsse, Orangen, Mandarinen oder Cranberrys haben nicht nur vorteilhafte Nährwerte, sie sind auch noch äußerst dekorativ für jeden Weihnachtstisch. Glas- oder Keramikschüsseln, die man damit füllen kann, finden sich in jeder Küche. Hierbei spielt es auch keine große Rolle, ob die Schüsseln gleich aussehen.

Für leer wirkende Stellen zwischendurch verwende ich ebenfalls gerne winterliches Obst wie kleine Kumquats, Granatäpfel oder Nüsse (Mandeln, Erdnüsse, Walnüsse) in der Schale. Gemischt direkt auf dem Tischtuch arrangiert, sorgen sie für gezielt platzierte Farbtupfer.

Um ein bisschen Aufregung auf den gedeckten Tisch zu bringen, imitiere ich mit Stoffservietten gerne traditionelle „Christmas Crackers".
Dafür einfach kleine Pappkarton-Teeschachteln mit Süßigkeiten (Schoko-Mandeln, Gummibärchen etc.) füllen, in die Serviette einrollen und die Enden zusammenbinden.

Weihnachtsmenü

Orangensalat mit Oliven

Riesling

. . .

Boeuf Bourgignon

St. Laurent

. . .

Weihnachts-Banoffee

Ruster Ausbruch

Orangensalat

mit Oliven

Zubereitungszeit: 20 Minuten

6 Portionen

1 kg Bio-Orangen
1 rote Zwiebel
7 EL Olivenöl
3 EL Zitronensaft
120 g schwarze Oliven (ohne Kern)
eine Handvoll Basilikumblätter
Salz, Pfeffer aus der Mühle

Die Schale der Orangen mit einem Messer abschneiden. Darauf achten, dass man auch die weiße Schicht entfernt. Orangen in 1 cm breite Scheiben schneiden, auf einer Platte anrichten.

Olivenöl mit Zitronensaft, Salz und Pfeffer in einer kleinen Schüssel verrühren. Zwiebel schälen, in sehr feine Scheiben schneiden, über den Orangen verteilen. Oliven zu den Orangen geben, alles mit dem Dressing beträufeln. Zum Schluss die Basilikumblätter darauf verteilen.

Tipp 1: Dieser Salat passt besonders gut zu Osso buco (Seite 214) und dem Winter-Couscous mit Safran (Seite 213).

Tipp 2: Wenn sie gerade Saison haben, passen Blutorangen ebenfalls wunderbar für diesen Salat.

Würzige Oliven, fruchtige Orangen und reifer, halbtrockener Riesling – eine perfekte Kombination.

Boeuf Bourgignon

Zubereitungszeit: 40 Minuten
+ 2 Stunden Garzeit

6 Portionen

200 g kleine Schalotten

200 g Zwiebeln

200 g durchwachsener Speck

400 g Karotten

1 ½ kg Rindfleisch (z. B. Bio-Schulterscherzel)

100 g Mehl

5 EL Öl

1 EL Tomatenmark

550 ml Rotwein

550 ml Rinderfond

1 Bouquet garni (je 2 Stängel Thymian und Petersilie sowie ein Lorbeerblatt)

Salz, Pfeffer aus der Mühle

250 g Champignons

1 EL Butter

Schalotten schälen und im Ganzen lassen. Zwiebeln schälen und klein hacken. Speck in 5 mm breite Streifen schneiden. Karotten schälen, in 4 cm lange Stifte schneiden. Rindfleisch waschen, trocknen, in circa 5 x 3 cm große Stücke schneiden. Mit Mehl rundum bestäuben, überschüssiges Mehl abklopfen (das Fleisch soll mit einer dünnen Mehlschicht überzogen sein).

Einen großen Schmortopf erhitzen. 2 EL Öl zugeben, Zwiebeln, Schalotten und Karotten etwa 6 Minuten darin anschwitzen. Aus dem Topf nehmen und beiseitestellen. Das restliche Öl in den Topf geben, Fleisch darin partienweise bei großer Hitze anbraten. Gebratenes Fleisch auf einem Teller „zwischenlagern". Im selben Fett den Speck glasig anschwitzen. Fleisch mit dem Gemüse wieder zurück in den Schmortopf geben, Tomatenmark hinzufügen und mitrösten, mit Rotwein ablöschen und ein paar Minuten einkochen lassen. Rinderfond und Boquet garni zugeben, mit Salz und Pfeffer würzen und das Ganze auf kleiner Hitze zugedeckt 2 Stunden schmoren lassen.

Pilze putzen, in 1 EL Butter goldig braun anbraten und pfeffern. Erst am Ende, wenn sie rundum angebraten sind, salzen.

Fleisch und Sauce kosten – das Fleisch sollte sehr weich und die Sauce kräftig sein –, eventuell nachwürzen. Die gebratenen Pilze darüberstreuen und mit Serviettenknödel, Nockerln oder Weißbrot servieren.

Klar, zum Boeuf Bourgignon braucht es Burgundiges – am besten einen kraftvollen St. Laurent.

Weihnachts-Banoffee

Zubereitungszeit: 1 ½ Stunden
+ 3 Stunden Tiefkühlung

1 Tarteform (ø 26 cm)

Teig

100 g kalte Butter

Schale von 1 Bio-Orange

100 g glattes Mehl

100 g Mandeln, gerieben

2–3 EL kaltes Wasser

50 g Staubzucker

1 Ei

1 Prise Salz

500 g Vanilleeis

5 EL Nuss-Nougatcrème

Meringue

5 Eiklar

150 g Staubzucker

2 große Bananen

Schale und Saft von 1 Bio-Limette

1–2 EL Grand Manier (wenn man mag)

1 Prise Salz

Butter für die Form

Blindbackperlen oder Hülsenfrüchte
(Bohnen, Linsen oder auch Reis)

Goldrichtig: Rusts Kultwein, der Ausbruch. Das Gericht hat ordentlich Süße, der charmante Wein auch.

Backofen auf 180 Grad (Umluft) vorheizen. Eine Tarteform (wenn möglich mit Hebeboden) mit Butter bestreichen.

Orangenzeste fein reiben. Alle Zutaten für den Teig in einen Mixer/ Küchenmaschine geben und kurz durchmischen. Sobald sich alles zu groben Krümeln verbunden hat, aus dem Mixer nehmen und mit den Händen rasch zu einem glatten Teig kneten. In Frischhaltefolie wickeln und 30 Minuten im Kühlschrank rasten lassen.

Eiscrème aus dem Tiefkühler nehmen und in den Kühlschrank geben (wir wollen sie etwas weicher).

Den Teig auf einer leicht bemehlten Arbeitsfläche dünn ausrollen (circa 5 mm dick). Teig in die Form legen, in die Ausbuchtungen des Randes drücken, mit einer Gabel 7–8 Mal einstechen, überstehende Ränder abschneiden.

Backpapier auf den Teig legen, mit Blindbackperlen beschweren und 15 Minuten backen. Backpapier samt Blindbackperlen entfernen und den Teig weitere 5 Minuten backen. Teig aus dem Ofen nehmen, beiseitestellen, auskühlen lassen.

Nuss-Nougatcrème auf dem ausgekühlten Teig verteilen, darauf das Eis glattstreichen. Mit Frischhaltefolie bedecken und tiefkühlen. Bis hierher kann man die Tarte perfekt bereits am Vortag vorbereiten.

Den Backofen auf 220 Grad (Umluft) vorheizen. Eiklar mit einem Mixer oder in der Küchenmaschine mit einer Prise Salz steifschlagen, dabei langsam den Zucker einrieseln lassen.

Bananen schälen, in Scheiben schneiden. Limettenschale und -saft vorsichtig mit den Bananen vermischen.

Tarte aus dem Tiefkühler nehmen, Bananen darauf verteilen, dann die Meringue mit einem Spatel daraufgeben, dabei kleine Spitzen kreieren. Wenn man möchte, Grand Manier daraufträufeln.

4–5 Minuten auf der unteren Einschubleiste backen (der Eischnee sollte leicht goldbraune Spitzen bekommen) und die Eiscrème gefroren bleiben. Vorsichtig aus der Form heben und unter tosendem Applaus servieren.

Index

Vorspeisen

Hauptspeisen

Nachspeisen

Frühling

Sommer

Herbst

Winter

Impressum

1. Auflage

Rezepte und Texte:	Martina Hohenlohe
Cover:	Ela Angerer, elaangerer.com, www.elaangerer-fotografie.com
Rezept-Fotos:	Martina Hohenlohe mit Wesual Click
Weitere Fotos:	Ela Angerer, elaangerer.com, www.elaangerer-fotografie.com
Illustrationen Blumen:	Shutterstock
Illustrationen Weingläser:	Erhard Wanderer Illustration, www.erhardwanderer.com
Tischdekorationen:	Viktoria Wallner, Florals & Events, www.viktoria-wallner.com Viktoria findet ihr auch unter: www.tablestories.at, Instagram: @tablestories.vienna
Grafische Gestaltung:	Sophie Wurnig
Lektorat:	Daniela Illich, Tamara Schramek
Repro und Druck:	Druck Styria GmbH & Co KG, www.printgroupstyria.com
Redaktion:	Tamara Schramek
Kooperationen:	Oliver Gattringer, Josef Jungmann

Locations:

Frühlings- und Sommerfotos:	Hohenlohe Hof, 2042 Guntersdorf, www.hochzeitamhof.at
Food-Fotos:	Mein wunderbarer Kochsalon, Strohgasse 21A, 1030 Wien, martina.hohenlohe@hohenlohe.at
Tische, Deko-Details, Cover:	Atelier Viktoria Wallner, Mollardgasse 85A, 1060 Wien, Tel.: 0664 1050406, office@viktoria-wallner.com, www.viktoria-wallner.com

Strohgasse 21A, 1030 Wien
Telefon: 0043 (1) 712 43 84 – 28
E-Mail: tamara.schramek@gaultmillau.at

www.martinahohenlohe.com

ISBN: 978-3-9505094-0-3